均富安和

管理與經濟論說選集

朱承武

《均富安和：管理與經濟論說選集》

作者：朱承武

中文電子書於 2017 年由電書朝代製作發行，推廣銷售。

電書朝代 (eBook Dynasty) 為澳洲 Solid Software Pty Ltd 經營擁有。

網站：http://www.ebookdynasty.net

電郵：contact@ebookdynasty.net

中文紙本書於 2017 年由 IngramSpark 隨需印刷，

Ingram Content Group 推廣銷售。

支持

電書朝代

文學獨立
出版自由

目錄

3

弁言

　　寫文章是一種雅興？或是一種樂事？皆不盡然。特別是為公務，或為別人執筆撰述論作，可說是「苦不堪言」呢。即使為一己所思所感而寫作時，其心情與感受，也因作品性質之不同，而是酸甜苦辣百味俱陳的。不過，當寫好一篇「文章」後，其如釋重負的「輕快感」，卻是一種「享受」。再如逐字逐句地加以推敲，覺得天下文章仍是自己的好。那種自我欣賞得意之情，也非「局外人」所能領會的。尤其是為公務而撰述的「作品」，受到長官的讚賞；或是個人投稿的「創作」，竟蒙編者將之刊載出來，更有數說不完的歡愉。一切「苦」與「勞」，也就獲得最大的補償而忘得一乾二淨了。

　　個人自小就喜歡上作文課，似乎有志要寫出不朽的經典之作。而今已是八七老朽，這個美麗的夢，或謂幻想，依舊在誘惑著我，還要敦請電書朝代 (eBook Dynasty) 負責人孫博士運瑜助我「整舊文，出新書」。但有所謂「文如其人，其人如文」之說的「問題」，筆者習作可依個人「身份」之不同，而分為三個時期。記得在出國進修前，筆者當「阿兵哥」時，所寫的文稿發表於軍報者，主題要如《革命軍人奮鬥的目標》、《革命軍人精神修養的精義》、《略論「信，望，愛」三達德》、《論政治學是否科學》，以及談說《文學與道德》，學作譯文，寫些詩歌之類的軟性小品文而已。

　　民國五十四年，我從國防部「軍職外調」到行政院當公務員，並兼學做「教書匠」。民國六十年十月留英訪美返國，仍服務於行政院。民國六十六年任職於中央日報，至六十七年再出國進修。此期間，除了為教學研究而出版三部管理學著作而外，個人寫作概為公務之需；要為首長備為施政決策之參考，而撰寫輿論分析和問題研究約計數十萬言，分裝成四冊，保存至今。

　　1978 年再出國進修，「流」美以迄於今，已是中華民國一介化外之

民。但對我成長的故土——台北台灣，想望不已；對育我培我的親長故人，感念無已。在業餘時間，乃斷斷續續寫了六、七十篇文稿，且大多數皆發表於美台兩地的報刊或網路雜誌。而今，年老了！有好多日子，常想要將這些文稿彙集成冊，以茲能為一己，對故土故人所關懷，所思所念，留些許見證的文字記錄。然因每個時期所寫的「文章」，其性質與內容皆不盡相同，如將這三個時期的文稿合併成「個人文集」，其書名難定，其篇章更難區分。

僅以在行政院服務而言，且因首長更易，個人工作隨之有所調整，所擬撰文稿的內容與性質，也就有先後之不同。先前的首長，其一切政策措施，講詞文告，概以實現「建設台灣，光復大陸」的基本國策為主旨。首長先生博學多聞，對國家政務的了解鉅細無遺，有「百科全書」之美譽。其在財經建設的成就與貢獻，更是中華民國從風雨飄搖，危急存亡之期，能排難紓困，將復興基地台灣建設成為民生樂利、安定繁榮的社會，是無出其右的「功臣」。個人來美後，曾撰文尊譽先生為「萬世仕表」，發表於中央日報網路報（所撰有關兩篇文稿，將刊於《故土故人，吾思吾念》的「新書」中；又，在網絡上可搜尋到更多資訊），以申崇敬仰止之忱於萬一。那時，個人為首長先生服務，所從事的工作僅屬擬文稿，作記錄，整理錄音講詞。迄今，所保存的文稿複份計有十六、七本之多，其中所承辦的文稿皆非個人的「創作」。所以，毋論個人文集或選輯，對於所擬撰、所整理的的文稿，自不可有一文一句，所能考慮採為己用的。

後任首長於民國六十一年六月一日就職。那時，我國退出聯合國尚未及年，國內外情勢「動盪」，處在所謂「臨危受命」之時，因而銳意行政革新，建立大有為的政府；創造「均富安和」的社會，以三民主義來統一中國為標的。記得那時，行政院每有重大決策，或行政措施；或是國際方面發生對我國有負面情勢的衝擊，例如日本田中內閣欲乘「順風車」與中共建交、美元貶值、以及石油風暴之類的不幸情事，工商各界、新聞媒體咸皆竭誠反映，建議盈庭。個人乃主動決定首要主題，整

合資訊，分析研究，撰成報告，備為參考，陸陸續續寫了數十萬言。這些文稿，皆是以國家為主體，秉持「憲法一中」的基本國策，就內政外交、財政金融、經濟開發、教育文化、以及社會建設，來發現問題，解決問題，以實現國家目的為要旨。但論述的中心主題可簡約為下列兩大德政：

其一，從「均富」「安和」來建立民生主義的福利社會。

六十二年九月二十五日，首長於立法院第五十二會期中提出報告：「我們的社會建設，是依據民生主義的社會政策，逐步建立一個『均富安和』的福利社會。」為實現這一理念，行政院在財經政策或措施方面不僅從經濟成長率高低來評斷其得失，也從足以擴大或縮短貧富差距來衡量。是故，其施政要為：

1.1. 實施十六項民生必須品限價政策，以穩定物價，以紓民困。並撥四億美元，作為進口民生日用必需品、重要工業原料及生產機器之用。

1.2. 公佈調整匯率，降低稅率的十四項財經措施與三項金融方案，以扶植廠商，開拓外銷，以求全面合作，度過經濟難關。

1.3. 進行九項建設（如合核能電廠則為十大建設）與農村經濟建設措施，以求「充分就業」，以提高全民所得，而發展經濟，邁入開發國家行列。

1.4. 確定並執行九項建設在五年之內，當措所需資金一千九百零四億兩千九百萬元的兩項原則；一、不影響通貨的正常發行；二、不影響經濟的穩定發展。

1.5. 加強所得稅的建制，改採營業加值稅制度，以達稅負之公平。對於收入偏低農民，則減輕其稅負，且提高農產品價格。對勞工大眾，則訂定最低工資法（台灣省政府與台北市政府，為消滅貧窮，也因此分別訂定「小康計劃」與「仁愛計劃」），以縮短貧富差距，邁向「均富」的地步。

其二，以「節約」「革新」來建立大有為的廉能政府。

首長為能創造新局，開拓國運，而屬行節約，銳意革新。要以行政

革新而政治革新，來建立大有為的廉能政府，貫徹政府決策，實現國家目的。其施政犖犖大者要如：

2.1. 訂定「十項革新指示」雷厲風行。影響所及，公務人員倡導在年節不送禮，不寫賀卡；民間婚喪喜慶也自行限發請貼，席開四桌。公務餐會倡行大鍋「復興菜」，民間宴會也樂於「四菜一湯」。

2.2. 整理法規，改革文書。亦即刪除或修正一事有數種而且規定相異的重覆法規，以便於「依法行政」，根除玩法舞蔽的情事。並將公文下行用「令」、上行用「呈」一律改為「函」。將「等因，奉此」、「據查，遵照」等等官僚用語一律廢棄，而改為「案由，說明，辦法」的簡單的文函。新進公務人員撰擬公文時，不致「望文生嘆」，政府之間溝通協調，因以提高了效率。

2.3. 要求「合廳辦公」，設置「立辦中心」，以便民、利民。

2.4. 擴大職訓教育，改進錄用制度，以支援九項建設所需的六萬三千五百以上，技術或半技術的人力，促進了人力開發，推動了經濟建設。

2.5. 在首次院會中就特別強調「團隊精神」的重要。嗣後規定：「向上級建議是每一工作人員之權利，接納部屬意見是每位主管的義務」，廣開了言路，發揮了「集體智慧」，作到有組織的努力，用來落實「行政革新永無止境」的信念，實現由「行政革新而政治革新」的目的。

尤者，那時，國家經濟發展已進入初級工業化將「起飛」階段。但正遭遇世界各國普遍陷入「停滯的膨脹」時期，國內工商企業各界多是叫苦連天，要求政府給予各種優惠。政府皆以「經濟問題須依經濟發展成長規律解決之」。政府對自由市場經濟，拓展外貿，發展經濟，只是克盡輔導功能，從未有所干預管控的作為。在行政管理方面，則著重專家學者們的論述與建言，並積極鼓勵全員做到「人人在研究，事事求發展」；以發揮「集體智慧」來發掘問題，解決問題，以達行政革新而至政治革新的目的。因此，個人撰述論說，雖然涉獵較廣，但以探討管理與經濟方面問題較多；且以「均富，安和」為研究撰述之動機，中心之論點，以及追求實現之願望。在這眾多篇章文稿中，有可公諸報刊者，

曾予修撰，且以個人名義、或筆名、或別號投稿發表。來美進修，初，為課業忙；後，為生活所苦而「封筆」之時，在 1981 年，將上述在報刊所發表的剪報文稿，選擇二十篇，予以彙集複印成冊，名之為《均富安和：管理與經濟論說 20 選輯》。以之自我督勉，再求力行創造。

　　說來，時去三、四十年，這類資訊已屬「時過境遷」，成為「明日黃花」？其實不然。由於這些研究的問題，都是真實史料，對曾經生活在那個時代的人們讀來，自會追憶起不少感到親切的往事，重溫起酸甜苦辣五味俱陳的「往日舊夢」；對於行政管理學家與研究經濟開發學者們，讀到這些管理實務，必有莫大的興趣，認之為極具研究價值的；對於很有史識的歷史學家與公知們，從這些真實史料發展的經過，必然能「見微知著」地領悟到，當年中華民國退出聯合國以後，是如何度過重重難關，且能創造經濟「奇蹟」，成為亞洲四小龍之首的。

　　常想這些文稿，篇篇章章都是我「竭智盡慮」的「創作」，乃再次審閱舊文，將因故尚未公佈且與「均富，安和」有關之文稿，再選十數篇，併同原輯，而以《均富安和：管理與經濟論說選集》予以出版。所謂「以古為鑑，可知興替」，何況今日台海兩岸三地的「經濟」與「管理」諸方面，其所面臨的問題，莫不處於類此情境者。研讀該「選集」中所發生的各種問題，所建議的解決方案，對於悲天憫人，心存「為生民立命，為萬世開太平」，而為國家開發經濟，為民族謀求福祉的有關當局與公知們，自有「借鏡」之功用，而能有所舉措也。

——朱承武（繩祖，止戈）

2017 年四月八日敬撰於紐約市寓所

例言

　　自民國六十 (1971) 年十月留英訪美返國，仍服務於行政院。六十六 (1977) 年九月任職於中央日報，至次（六十七）年八月再出國進修，此期間，除為教學研究而出版三部有關管理學著作之外，個人寫作多為公務之需，而撰寫問題分析研究。其有可公諸報章必要者，即予修撰，且以個人名義（或筆名，或別號）投稿發表。本選輯二十篇乃是其大要。

　　個人論說，涉獵較廣，但以探討管理與經濟方面之問題較多；且以「均富安和」為研究撰述之動機、中心之論點、以及追求實現之願望。故本選輯乃以此「均富安和」作為篇名。

　　「流」美期間，為課業繁忙，為生活羈煩，不得已自動「封筆」，但心懷邦國，繫念故舊，卻與時俱增。亟願我國家民族日臻於「均富安和」之境，而時有獻言致力之心，但嘆力不從心，大有「江郎才盡」之感，不無惶悚。乃選擇舊作二十篇，利用複印設施之便，匯輯成冊，可以之自我督勉，再求力行創造，非欲以此雕蟲小技「藏諸名山」也。

——朱承武謹識
1981 年六月於紐約市

一、管理思想的探原與應用

一

人類管理行為的發生，可以遠溯到群居生活的開始。即使依據古籍所記載的史實也有三千年以上的歷史。例如埃及人建造金字塔，中國人構築萬里長城，舊約聖經「出埃及記」中所述摩西 (Moses) 領導希伯來人為掙脫埃及人束縛而領導游擊求生的經過，以及我國《周禮》書中所載古代設官分職的情形，莫不合乎管理思想的原則。只是那時沒有一一提出管理學說的名詞而已。直至十九世紀美國泰勒氏 (Frederick W. Taylor) 倡導科學管理，管理學說理論於焉產生，並且將之作為繩墨之準則，競相推行起來。所以，很多學者共認泰勒氏為「科學管理之父」，可謂實至名歸。至少他的貢獻，他的影響，的確應受後人所崇敬。可以說，如果沒有「科學管理」的倡導興起於前，恐怕今天的各種管理學說的產生、以至政府公共行政和社會進步的情形，可能要遲緩若干年。

二

關於泰勒「科學管理」的介紹和評論的著述實在很多。但如舉其精義要點，可歸納為：一、如何使工人和機器結合為一，以發揮高度工作效率為其研究中心課題。二、注重時間與動作研究，以尋求每一工作的最高效率標準。三、論值給酬。四、選擇最適當的人置於適當的工作，使生產利得眾受其惠。

在泰勒學派諸輩中，宏揚其思想與方法卓有貢獻者，尚包括甘梯 (Henry Gantt) 注重改進與控制生產的技術，以提供決策所需的資料；吉爾勃雷斯 (Frank and Lillian Gilbreth) 終身致力時間與動作研究，以尋求每一工作最具效率的方法；傅萊特 (Mary P. Follett) 則認為人群關係重於組織

上的問題，而特別強調領導的重要。費堯 (Henri Fayol) 對於「科學管理」最重要的貢獻是在行政組織與管理方面，即劃分了指揮與參謀的系統，說明管理方面的重要活動。

三

自後，由於時代演進，管理學說亦因以增益發揚，對泰勒「科學管理」的批判者也就日見其眾，而以重視人性之行為學派麥葛里格 (Douglas McGregor) 為最。他認為傳統的組織原理係模仿軍隊和教會而得，其與現代工業組織在基本上大有出入，且囿於「故步自封」的境地，忽略了政治、社會、經濟的外在環境。尤其是有關人類行為的假設未盡其實。

當然，古典學派的行政管理對於組織的動態行為有未盡說明之處。尤其泰勒視人為機器之一部份，又認為人們工作動機皆屬經濟的，確是為人詬病的論點。儘管如此，亦無損於泰勒科學管理的貢獻。因為在泰勒當時的社會與現代情境不同，在那種工業社會環境裡產生如此學說，實在無可厚非，如來個「古事今判」，自屬不公。何況其若干原理原則仍為我們所應用所遵循。如時間與動作研究，管理五大要素（即計劃、組織、指揮監督、協調合作、管制考核），在今日無論對民營企業或是公共行政方面皆有其學術上和實用上的價值。又如集體生產的倡導，工作專業化的設計，謀求改善生產方法以提供良好服務，主張計劃應就生產資源、工作性質以及發展趨勢做一彈性規劃，重視員工教育訓練以提高生產能力，以及傅萊特重視良好的領導，費堯強調國際合作的重要等等，皆為管理上顛撲不破的準則。

四

今天，除了「科學管理」之外，又有若干倡行的論說或方法，諸如「作業研究」、「系統分析」、「行為科學」、「XY 理論」、以及「目

標管理」，還有「網狀圖」、「邏輯樹」、「計劃評核術」、「緊要路線法」等等應用的管理方法。我們當然承認各有其深度與廣度，在某方面是超越了「科學管理」的理論範疇，也可彌補了「科學管理」某方面的缺失。可是管理上原理原則以及基本目的在為求取經濟有效的方法，來實現組織目的或達成管理使命，依舊是彼此一致的。不同之處在於方法的應用，在於所強調的重點各異。所以有此不同，並非由於科學管理不切合需要，而是因為先後情境不同，其各別需要也就相異。不過，文化是累積演變而成的。任一思想學說多屬經由繼承因襲而成長而發展，以至創新發明而興起的。在歐美國家，一直到今天，無論政府機關或是企業單位的教育訓練和管理方法的原則，對於泰勒「科學管理」的重視與遵循依然如故，可是對於各種新的、時髦的管理方法的應用則各不相同。如英國的公私營企業單位多重視「目標管理」。法國政府與企業單位則強調國家經濟計劃配合管制的重要。而美國政府機構以及公民營企業又無不強調激勵員工的重要。為何有此不同？一言以蔽之：「情境不同，需求各異。」以美國為例，他們為何重視激勵員工，其原因是他們深深感到工業產品成本之所以偏高於其他工業國家，尤其日本，皆是由於直接參加生產者常常逃避工作所造成。這些情形都是筆者前兩年在國外進修考察時所親聞目睹。前此不久「美國新聞與世界報導」曾有兩篇文章也討論到這個問題，舉鋼鐵生產為例，每噸勞動力成本，美國為六十七元六角美金，西德為三十八元四角，日本最低，為二十二元七角美金。

　　再次談到如何激勵員工，雖然極大多數人皆主張發給「獎金」，但獎勵的種類和方法並不盡相同，且有特別重視「工作樂趣」的，認為激勵員工最好使其對所做的工作發生興趣，縱然是辛勞，依然有高度的工作情緒。這樣就涉及人類慾望及其各別不同的個人工作動機的問題和工作態度的心理問題。因此，縱然激勵員工有若干方法可以應用，但難在如何才能發現員工各別的工作動機和心理上真實需求，激勵方法的應用也就不能千篇一律的要求彼此相同。

五

總之，任何管理方法皆有其窮拙之點，也就是說，任何一種管理方法絕不是萬靈丹，也不是用「科學」一詞就可以把管理工作做得盡善盡美。因為事是人做的，有人的地方，對於人的領導就極其重要。人非如物，可在特定情境下控制他的行為發展。所以，管理既不是純科學，但也不是一種藝術，其故在此。一個成功的管理者，對於機構、企業、部屬員工的重要性，猶如英明將帥之於部隊士卒，實在是難得難求。管理者不僅對管理學說、現代管理趨勢要有正確的認識，對於自我之內在外在的影響因素，更需有深刻之研究，把握住管理上的中心問題，靈活運用，殆可計日成功，達成管理目標。

——原載於《企業經理月刊》
民國六十二 (1973) 年三月十五日

二、建議制度

——民國六十二 (1973) 年八月二十七日應邀在台肥公司動員月會講

陳總經理、主席、各位主管、各位先生、各位女士：

一

今天承蒙貴公司陳總經理的交代，要承武前來在動員月會上向諸君報告「建議制度」，作為貴公司推行「發掘問題運動」的參考，個人甚感榮幸。同時，能和各位見面，相聚一堂，更有一種親切感。因為諸君都是國營事業的從業人員，個人雖然不在國營事業單位服務，但對於國營事業從內心就有一份好感。這乃是由於國營事業的經營發展，關係著國計民生的增進，也有助於國家經濟建設的成功。說得更廣義一點，發達公營事業，對於實現民生主義「養民」的目的，和「均富」的理想有著極大的關係。我們看，今天的公營企業與民營企業總生產量的比例，雖然是三與七之比，但各位知道的，我們的國營事業都屬基本工業，關鍵工業，關係國防與民生的工業，例如貴公司生產的肥料，對於農業增產和發展農業有著極大的關係，這就可以說明我們國營事業的重要性。所以，到我們的國營事業單位來和諸君見面，並能以拋磚引玉的方式來求教，就自然感到既愉快又親切。

二

關於「建議制度」，也就是如貴公司即將推行的「發掘問題運動辦法」，其內容是一樣，可能各位對之已有所了解，它是基於管理學說上「參與理論」的一種管理方法，要鼓勵全體員工來協助各級主管們，為

省時、省錢、提高工作效率，實現組織目的，而提供具體可行的興革建議或意見。它也是一種獎勵優秀員工，擢拔真正人才的制度，而且更是增進人群關係、恢弘團隊精神的主要工具之一。

　　有關建議制度理論的基礎及其實施的辦法，承武在《管理之鑰》一書中已作過簡略的論述。今天不擬再重覆地向諸君報告。不過，在這方面另有一點心得值得加以補充說明，就是：管理上任何學說及其方法，就其自身來講，都有它立論的根據，也有其存在的價值。可是，在實際應用上，雖然難說個好壞優劣之分，但有選擇性的比較。也就是說，任何管理學說或方法的應用，都要適合於自己的環境，設計策劃實施的辦法更要針對各別的需要。也唯有適合於自己環境針對各別需要的管理方法，才能推行得普遍而持久，並且著有成效。例如建議制度在美國其所以倡行的原因就是最好的說明。記得承武在英國唸書期間，在校方為我們安排之下，可說大部份英國著名的公民營企業都曾前去研究訪問過，聽到他們都一致強調說，我們如何實施「目標管理」。到法國巴黎去實習，也訪問了法國各大國營企業，即電力公司和鐵路公司，以及法國的經濟計劃長官辦公室，他們則一致反覆指說計劃、協調與管制對於管理是如何的重要。後來到美國考察，參加了美國文官委員會所舉辦的三種公務人員訓練的講習班，也訪問了他們很多政府機關和龐大的公民營企業，言談之間，發現他們無不認為激勵員工的重要而說到如何認真推行建議制度。為什麼有如此不同的情形呢？這並不是某一種管理學說或方法不好，而是由於每個國家、甚至每個公司之間的實際情況和各別需要不盡相同，因此，所重視的方法、所強調的重點也就不一致了。以美國為例，他們為何要設法激勵員工呢？主要是因為他們發覺到，他們工業產品的成本所以高居世界第一，其原因是由於直接參加生產的員工經常逃避工作所造成的。不久以前「美國新聞與世界報導」就曾有兩篇論文討論到這個問題，據他們統計，美國直接參加生產的員工，至少平均約有百分之十五以上經常是在休假、請假或罷工之中，至於怠工還未計算在內。論文中並以鋼鐵生產為例，每噸勞動力的成本，在美國為美金六

十七元六角，西德為美金三十八元四角，日本最少，為美金二十二元七角。再因為美國是典型的自由經濟制度國家，企業與企業間競爭得很激烈，任何企業要想不斷生存發展，不是循著企業合併的道路，甚至大型企業發展成為「多國性公司」(multinational firm, or MNF) 以求多角經營，或擴大統合經營；就是想盡方法來降低生產成本，或是謀求技術革新，創造新的產品以利競爭。所以美國企業家、公司主持人，不僅鼓勵員工要努力從事生產，更是特別獎勵員工多多建議，提出降低生產成本或是發明新產品的辦法。

三

說來，建議制度並不是一種新奇的管理方法，因為它在美國已倡行了三十多年。但也不是一種禁不起考驗的管理方法。好比我們流行歌曲和黃梅調一樣，流行的時候，大街小巷都聽到梁兄哥，老老少少也會叫聲梁兄哥，可是今天呢，就很少聽到了。建議制度在美國不僅倡行了三十多年，而且是成效日見顯著，的確可以稱得上是一種歷久彌堅、日新又新的一種好制度。承武在《管理之鑰》這本書內，曾以一項成功的實例和兩項統計數字來說明建議制度在美國實施的成效。最近，美國文官委員會又寄給我一些關於實施建議制度的最新資料，知道他們實施的成效比上一年度更有進步。

在美國聯邦政府方面，因員工建議使聯邦政府所節省的公帑一年比一年的增加。這裡有一張統計表，就是從 1962 年到 1972 年聯邦政府員工建議成果統計表，各位可以看到它是在直線上升。到 1972 年，因實施建議制度為政府所節省的公帑已超出二億元美金。尼克森總統於去年十二月二十四日曾為此項成果，特別致函文官委員會表示祝賀與嘉勉之意。如果把最近十一年，從 1962 年到 1972 年美國聯邦政府因員工建議而所得利益或節省公帑的數字相加起來，總共有十五億九千二百七十三萬四千四百九十二元美金，可以說是十六億美金。這僅僅是美國聯邦政府，還

不包括州和地方政府在內，各位想想，十六億美金並不是個小數目，我們一、二十年來全國同胞辛辛苦苦努力經濟發展的結果，所積存的外匯存底亦不過十六、七億美金，但如除去外債、外資，真正憑我們勞力智力賺來的外匯存底，不過六、七億美金而已。或許有人說，美國那麼富有，這十六億美金算什麼，這話可把錢財看得太輕了。各位可以知道，自從尼克森訪問大陸以後，美國政府一再引用美國人對華投資與貸款反而日漸增加的事實來說明中美邦交依然密切如故。各位可知道目前美國人在華投資及貸款總共好多呢，總共六億三千餘萬美金而已。可見十六億美金並不是一個小數目。這都是因員工建議而得來的。這還是可以用數字計算而得的利益，而無形價值更是無法估計。至少，實施成功的建議制度，可以提高工作效率，可以發揮團隊精神，可以培養與擢拔到真正的人才，當然也是實現組織目的的最好、最可靠的途徑之一。

在工商企業界方面，據美國建議制度協會最近寄給我的該會 1971 年年報，其中顯示該會就會員單位中抽樣調查了二百一十三個公司組織，有關建議制度實施成果統計，在該年度內，這二百一十三家公司組織共計處理了二百零八萬零一百六十八件建議案，建議案被採納的比率為百分之二十六，較上年度的百分之二十三升高了百分之三。頒授的獎金總數為三千五百四十八萬七千五百五十七元美金，其個人最高獎金額為四萬七千元美金，每一建議案平均獎金為六十四元八角九分美金，較上年度六十三元增加了一元八角九分美金。

而最值得注意的是投入與產出的比率。亦就是因實施建議制度支出費用與建議案採行後所得利潤或節省費用的比率數，在 1970 年抽樣調查七十家公司組織平均統計結果為一與四點三六之比，即是實施建議制度支出一元，可為公司節省生產成本四元三角六分。到 1971 年抽樣調查了七十五家公司組織統計結果，投入與產出的比率上升到一比六點一〇，亦即是為實施建議制度支出一元，可為公司增加六元一角的收益，可見其成效日益顯著。

當然，毋庸諱言的是，美國的工商企業界並非百分之百的都採行建

議制度。據全美建議制度協會 1971 年五月份統計，全美國的公司企業，其員工人數在一千人以上者，將近有十分之四還沒有實施建議制度，而全美國前五百名最大企業有一百二十五個還沒有實施建議制度。可是，全美建議制度協會的會員數確是在日益增加之中，1970 年為一千三百多個會員，到 1971 年就增加到一千四百多個會員。而且，有一項無可否認的事實就是，凡是實施建議制度的工商企業，他們所獲得的利益，或是降低生產成本，無不是較以往為多。

還有一種值得報告的現象是，在美國的外國公司加入全美建議制度協會也日漸增多。而在海外的美國公司也同樣地把這個制度推行到海外的分公司。各位也許會知道，例如台北希爾頓 (Taipei Hilton) 便是，今年六月六日在中國英文日報第七版上就曾刊載過他們總經理給兩位建議案被採納的員工頒發獎金的照片。我們當然也會知道，這是生意經，是在借題作宣傳，但他們實施建議制度而且重視建議制度是不錯的。即使說希爾頓用這種方法來宣傳的話，也是相當的高明，至少它向人們暗示：

第一、該飯店管理方式是很民主的，一個小 boy、小職員所講的話，總經理都能聽到並且採納他們的建議意見。

第二、頒發的獎金每人只有新台幣四百元，但總經理親自頒獎並與之合影。可見其上下一體，合作無間。

第三、該飯店人才濟濟，大家都會動腦筋。

第四、該飯店處處力求進步，必然是服務周到而完善。

再說，建議制度不僅倡行於美國，也倡行於其他國家，如西德。西德也有個類似美國的全美建議制度協會的組織，但西德稱之為 German Institute for Business Administration，美國的全美建議制度協會每年年報中各項成果的統計數字都要和西德的統計數字相比較。

英國最近也組織了全國建議計劃協會 (National Suggestion Schemes Association)，這是由 Joseph Lucas, Ltd. 這個大鋼鐵公司帶頭推動組成的。據該協會的執行秘書 Albert Bayliss 報告說：「成立三個月就加入了六十個會員，其中，包括所有英國鐵路公司的單位，所有英國鋼鐵公司單位，

以及每一個政府機構，至於 Hoovers、Mobile Oil 和 Goodyear Tyres 則不用說了。」

更值得向各位報告的是，建議制度並不是資本主義國家、民主國家才有，據全美建議制度協會的報告，連共產國家如蘇俄也在推行，不過蘇俄不叫建議制度，而稱之為 Improvers Movement，可翻譯為「改良者運動」或「進步者運動」，工人的建議案被採納以後，也是頒發第一年純利潤總數百分之十的獎金。在 1970 年，蘇俄的企業為建議案所頒發的獎金就有三百萬美金之多，雖然僅及美國的百分之十，但他們建議者所得的獎金是免繳所得稅的，而在美國，是要扣繳所得稅，而且是累進所得稅呢。

四

以上就建議制度在美國以及其他國家推行的概況作了極其簡略的報告，如果下句總評的話，建議制度可以稱得上是一種禁得起考驗的好制度，因為它不僅有三十多年歷史，而且依舊倡行，成效日見顯著，並且逐漸普遍擴大推行起來。

至於我國是否也需要推行這個制度呢？承武在《管理之鑰》這本書裡曾肯定地說是，不僅需要而且特別需要。一方面因為，過去我們國內有好多公司企業或機關團體也早已實施了建議制度，只是推行的成效不大。這並不是說行不通。而問題發生在方法上沒有把握住建議制度的真精神，在執行上更不夠認真徹底所致。但也有實施著有成效的單位，如郵政局以及士林電機就是好例子。如果作一次廣泛的調查訪問，可能發現有更多成功的例子。再則因為，以現在情況來講，我們更需要建議制度。承武在《管理之鑰》一書中已經從研究發展的觀點加以概略分析。為了避免重覆，不必照書再講說一遍，我想從另外幾個角度來做一個簡單的說明：

第一、從行政革新方面來說：

　　目前，我們在行政方面發現了重大缺失，最時髦的方式就是委託專家學者來研究改進，可是，專家學者研究的結果又常常感到學術理論與行政經驗似乎總有一點距離。即使學術與行政配合得相當密切，但是學術機構為政府所討論研究的問題都屬少數重要的個案調查研究，而行政管理上千頭萬緒的「日常工作」，學術機構就無法一一研究討論得到。而且一項改革，在事前縱然經過專家學者們的設計，附諸實施以後，也不能永遠一成不變，這是因為時代情勢日有變遷，任何工作必須不斷求新求變，才能永遠適應現況。這就是如我們蔣院長所說的：「行政革新永無止境。」以及英國組織與方法單位 (O&M) 將「向陳規挑戰」作為工作座右銘，其道理是一樣的。所以日常工作方法要時時刻刻研究改進，實在是行政方面最根本的問題。而且，這些問題的解決都要靠實際從事這些工作的人，大家來不斷的研究改進才行。實施建議制度，就是鼓勵從事實際工作的全體員工，大家腳踏實地的來參與行政革新研究發展的工作。可以說，有了建議制度，不僅彌補了我們行政工作方面的缺失，改進了管理實務，也是提高行政效率最可靠的途徑。

　　第二、從縮短管理差距方面來說：

　　《美國之挑戰》(The American Challenge) 著者舒萊伯氏 (Jean-Jacques Servan-Schreiber) 以及《智識的革命》著者邱勒佛史教授 (D.N. Chorafas)，都指出當前歐洲與美國在發展方面的差距，主要是在於管理上的差距。至於我們和先進國家之間的管理上的差距更不知要相去多遠了。我們想迎頭趕上並不是不可能，但問題決定在我們能不能取人之長補己之短。

　　我想，諸君也會感覺到，我們在管理方面固有的優點，要在各種目標政策、指導原則、條例綱要等等，無不完備，也無不正確。這種情形從古到今都是如此。例如，我們有所謂「半部《論語》治天下」之說，而《大學》上所謂的的正心誠意、修齊治平的一套政治哲學，在今天說來依然算是完整而進步的理論。我們也可以大膽地說，現代各種管理學說有若干理論都可能在我們線裝書裡找得出來。但是，我們在管理方面最大的缺失要在方法的欠缺，也就是不在實際的施行辦法上多下功夫。

所以，我們有運用之妙存乎一心的、論說極其精確的領導哲學，但是除了蔣總統所著的《行政三聯制》以外，就少有一套實實在在、完完整整的管理科學的方法。諸如動作研究、工廠設計、工作簡化、作業研究、網狀圖、邏輯樹、緊要路線法、甚至目標管理等等，很多有實用價值的管理科學方法都不是我們發明的。因此，要想縮短我們和先進國家之間管理上的差距，怎能不在管理方法上多多下功夫呢。實施建議制度，來鼓勵全體工作人員貢獻智慧，就事論事，拿出具體可行的改進或創新的方法來，對我們管理方面來說，實在太重要了。

第三、就宏揚團隊精神方面來說：

我們蔣院長在去年六月一日第一次主持院會時就特別強調團隊精神的重要，認為團隊精神能否充分發揮是今後成敗的關鍵。院長說：「個人突出的時代已過去，任何個人或少數人不可能完成偉大的事業，只有集體的思考，集體的計劃，集體的努力，集體的創造，才能完成時代的任務。」諸君，怎樣才能做到集體的思考，集體的計劃，集體的努力，集體的創造，來發揮團隊的精神呢？就全體大眾員工來說，就是要多多的建議。所以，院長於同月八日在「要求於各級行政人員之十項革新指示」中，又特別指出：「向上級提供意見是每一工作人員之權利，接納部屬意見是每位主管的義務。」由此可見，院長對工作人員來提供建議意見是何等的重視。要想做到這一步，實施建議制度乃是最切合實需不過的了。因為建議制度不僅是鼓勵員工大眾建議的制度，更是增進人群關係最佳工具之一，它不僅有公允的獎勵制度，而且也配合人事上用人唯才的政策，來擢拔真正的人才，可使個人的前途利益與單位的前途利益相結合一致，大家自然會時時刻刻樂於為團體進步更求進步而設想、而奮鬥創造。這樣，團隊精神就自然地形成了，團隊精神的效用也自然能充分發揮出來。

第四、就人才發展方面來說：

《美國之挑戰》作者舒萊伯氏又曾說：「今天我們所尋求的財富不在於土地資源，不在於人數與機器的眾多，而在於人類的精神，尤其是

我們思想和創造的能力。」這當然是說，我們所欲開發的資源以「人」礦最為重要。所以院長所說的，「設法啟發他人的才智，才是才能真正的發揮」，實在是發掘人才和運用人才的精闢之言。但怎樣才能啟發他人的才智呢？最簡單而實際的方法就是實施建議制度，讓大家有貢獻才智的機會。

今天，我們可以看到在現職人員當中確有很多學識才能相當優秀的員工，尤其是有若干人才因境遇關係而用非所學或是學未致用，比比皆是，如果沒有一種良好的方式，鼓勵其充分貢獻他們所學所能，在個人來講固然是一種悲哀，對於國家對於團體而言，又何嘗不是一種莫大的損失呢。實施建議制度，不僅是智能較高、學有專精或是學未致用的員工，可以為他們提供一種發揮潛力、貢獻才智的機會，也可促使全體大眾員工自我努力學習，主動埋頭研究，這實在是開發人礦、發展人力的「最經濟」而且最有「實效」的辦法。人力素質提高了，人人樂於就各事各物，時時刻刻貢獻他們的智慧，大家來發掘問題，來解決問題，來創造成果，這樣，組織上任何所欲達成、所欲實現的重大目標，何愁不能達成，何愁不能實現呢。

第五、最後就貴公司來說：

這幾年來不斷在引進新技術，更新設備，來發展多元肥料，這不僅對於農業增產著有貢獻，而且產品外銷從日本東南亞及印巴諸國，遠至美國及澳、紐等國家，爭取外匯也有相當的績效。尤其是國內的肥料售價一年比一年地降低，受惠獲益的不僅是農民，就是全國消費者大眾，也能因此而食用到便宜的糧食，實在是難能可貴。然而進步往往發生問題，例如政府廢除肥料換穀制度以來，竟因有中間商套購肥料，而使真正需要肥料的農民感到缺肥。而今天在國際性物價漲風之下，我們的肥料還要減價，以及在世界有可能面臨糧荒的情形之下，政府為了防範未然，而鼓勵多多種植稻穀以充裕軍需民食，決定肥料不再外銷，並要求增加產量及降低成本。這幾種富有挑戰性的問題，在在都需要服務於貴公司的每一位員工大家貢獻智慧，人人致力於研究發展，來發掘問題，

來解決問題，俾能創造更大更輝煌的績效和成果。所以貴公司要全面推展「發掘問題運動」，也就是實施建議制度，的的確確正適其時，正合所需。

五

至於如何實施建議制度，當然要參考借鏡他人其所以實施著有成效的實例。但主要還得依據自己的實際情況來訂定推行的辦法。個人很榮幸的能夠先拜讀到貴公司所擬訂的「實施發掘問題運動辦法」，承武可以很坦誠的態度向諸君報告的是，這項辦法不僅完善周到，而且有很多特殊的優點，使我很欽佩，諸如——

第一、規定全體員工都有建議提案的資格。

第二、要求各級主管人員協助員工代繕建議提案書。

第三、提案書不僅充分供應，並且要將提案書附於員工薪資袋內一併分發。

第四、提案書直接寄送給總經理。這可算是優點中的特殊優點。可說是這項運動實施成功的最大保證。個人對陳總經理如此重視員工的建議，更不辭辛勞的親自先來處理員工的提案書，至表敬意。

第五、提案審議會之組成人員不定，以保持充分的彈性俾能靈活運用。尤其是總經理親自主持，這樣可以簡化了若干作業程序，更可使審議會能夠發揮它應有的功能。

第六、提案採納後，按第一年內所報純利潤百分之十的獎金發給，而且沒有最高額的限制。除此之外，還有提案累積的實物紀念獎品。這點，就個人所知，連美國也沒有如此優厚。

當然，正如聖經上所說的，太陽之下世界無最完美的事物。所謂無缺點計劃也只是屬於它能做到及時改正錯誤而已。所以這項辦法自也免不了有需要補充的地方，至少，在實施一段時間以後，可能會發覺某些條文要修正或是要增補。這是自然的現象，不值得加以推敲論說。而最

重要的是在於認真的推行，徹底的實施。尤其是要靠全體員工都能做到
「人人在研究，事事求發展」的地步，多多的提案，也要靠總經理以下
的各級主管們以極其真誠合作的態度與作法來保證貫徹這項運動才好。
所以承武為了諸君如何才能多多提案，也為了各級主管們如何來保證貫
徹這項運動推行得有聲有色，著有成效，特別選譯了一份資料，貢獻於
每一位建議者諸君和各級主管先生們參考。

　　這份資料內容計分為兩大部份：一為建議者提供了二十六項如何建
議的方法和竅門。一為主管人員提供如何支持建議制度的五戒和五守。
茲分別說明如下：

第一部份：建議者訣竅 (ABCs for Suggesters)

　　A. 問題研究：依六何（何人、何事、何地、何時、如何、為何）方
法來尋求了解問題的答案。

　　B. 一定要以最好的方法來做你的工作。

　　C. 從各種不同的角度來檢討你的工作，相信會找到更好的方法。

　　D. 培養你好奇的習性，即常常自問，我們做這項工作為何要用這種
方法！

　　E. 要想盡方法來消除重覆，節約時間，減少浪費。

　　F. 首先確實了解你的工作，然後建議一種較佳的工作方法。

　　G. 憑藉你的聰明才智來贏得額外的收入。

　　H. 運用你的思想常能減輕你的工作負擔。

　　I. 對於任何人來說，良好的思想就是金錢和才幹。

　　J. 只要處處留心，良好的思想俯拾皆是，只待你設法去運用它們。

　　K. 經常提出建議案，會使你有滿意的收穫。

　　L. 請主管幫助你寫出詳細的建議案，他會樂意為之。

　　M. 建議用更好的方法來做一項工作，會使你既往的努力獲得應得的
報酬。

　　N. 絕不忽視你工作中任何一個步驟。需常加詢問其可以再改進嗎？

　　O. 其他人對工作有所抱怨，可能會激發你的靈感與才智，來想出改

進的辦法。

P. 建議案要寫得詳盡而完整，提出具體可行的辦法來。

Q. 不要羨慕他人獲獎，你也能同樣得到它。

R. 記著隨時寫下你的想法，以免遺忘。

S. 研究你工作的每一部份，並建議更好的方法來做它。

T. 定期提出你的建設性建議案。

U. 運用所有可能幫助你的事物——如過去的工作經驗、閱讀參考書等等。

V. 一個極簡單的思想常常會節省很多金錢與時間。

W. 注意你的每一種工作動態，同時尋找一種更簡化、更省力的方式來做好你的工作。

X. 一筆額外的獎金在等待你良好的建議來頒發它。

Y. 你經常提出有實用價值的建議意見就能增加你的收入。

Z. 不斷提出建議案可使你收入直線上升。

（註：上述原文二十六項，每項第一個字母即 ABC，並且依此順序排列，很有寫作技巧，但譯成中文後，只能達意，不能傳神，未免美中不足。）

第二部份：主管人員的五戒和五守 (Do's and Don'ts for Supervision)

甲：五戒 (Don'ts)

1. 不要認為一種建議或意見就是專門為了批判你的工作。事實上切切相反，這正是證明對你的工作發生興趣，而且有一種幫助你的真誠意願。

2. 不要認為你自己想到什麼就可做好什麼。語云：三個臭皮匠賽過一位諸葛亮，你一定要想辦法爭取每一個人對你職務內所應做的工作發生興趣，進而一同為你思考，參與工作。

3. 不要對任何人吹毛求疵地說某人的建議案不應該也不會被採納。

4. 不要認為實施建議制度計劃是鼓勵他人來暗中傷害你，要知道，建議案的調查及其全部作業程序都是為你的工作而設計而實施的。

5. 不要認為高階層主管們不會關心這項計劃的成果，他們隨時在注意到哪一部門的建議制度實施計劃有了良好的記錄。就總經理的觀點來看，每一部門都是他不可或缺的部份。

乙：五守 (Do's)

1. 要設法使大家知道，你對建議制度實施計劃支持合作的事實，要以幫助員工建議的方式來幫助你自己。

2. 要公開宣揚任何好的建議或意見，讓你的部屬知道其所得獎金和嘉勉的經過。也讓你部屬知道，你也為此事而高興不已。

3. 要把榮譽歸諸得獎或受嘉勉的員工，向他道喜，並鼓勵他以及其他員工再多多提出其他的建議意見。

4. 要鼓勵建議案未被採納的員工，督促他繼續嘗試，並協助他研究新的建議案。

5. 要迅速答覆在調查中的建議案需要你提供意見的問題。對於任何一項建議或提案遲遲作答，可使你單位遭受財務上的損失，並戕喪了員工的士氣。

總之，作為一位主管，鼓勵和協助員工們多多提出建議案乃是你份內應盡的職責。激勵他們去運用智慧，提出良好的建議來做好工作，也是你份內應盡的職責。你能遵循五戒，做到五守，則建議制度實施計劃將為你帶來意想不到的利益。

六

承武深深相信貴公司即將推行的「發掘問題運動」，也就是如承武所報告的建議制度，有陳總經理的賢明領導，親自主持，在計劃辦法方面又訂得非常充實完美，準備工作也相當周到；如果再得到各級主管們的通力合作與支持，以及全體員工同仁多多提出建議案，必定推行得極其成功，獲得豐碩的成果，使貴公司的業務蒸蒸日上，諸君前途光明成工。

最後，承武仍要說聲謝謝陳總經理給我和諸君見面的機會，也要謝謝各位不怕浪費寶貴的時間來聽承武的報告。

謝謝各位。恭祝成功。

——原載於《台肥月刊》

民國六十二 (1973) 年九月三十日

三、穩定物價安定民生芻議

　　政府自今年七月一日起實行十六項限價措施以來，已歷三月有餘，有關十六項實施限價，除鋼筋一項外，據孫部長運璿於九月二十四日在記者招待會中表示：「執行成效尚稱良好。」但事實上，近月以來，物價均告上漲，尤其是日用必需品零售價格被哄抬得較厲害。在執行限價措施方面，分析問題所在，其顯見者要為：

　　一、限價項目僅有十六項，雖然皆為民生必需品，但不能作到全面限價，於是未限價者「自然」上漲，影響所及，使已限價者物品惜售待價，彼此交互影響，於是「預期上漲」心理促成一片漲風。

　　二、在「限價」措施與「補貼」政策下，對「合理價格」與「合理利潤」難求難訂，更難求其「平等」「一致」。於是，「維持成本」、「維持經營」成為商人業者要求漲價的盾牌。

　　三、限價措施僅及於該貨品出廠價格，而零售價格則因有價無市，或因囤積居奇，或以運費增加，甚至以工費提高為由，而任意上漲，限價政策予消費者所得實惠因以大大沖銷。

　　物價上漲之因，就一般情形而言，有國際性原料上漲，與經濟性自然上漲，有供需失調上漲與人為哄抬上漲之分。就前者而言，物價上漲為不可避免之情事，尤其是國際性原料上漲，只有透過外貿（包括進出口），改進本身生產結構，以精密工業產品外銷來避免外來衝擊，維護我經濟穩定成長。至於經濟性自然上漲，如果上漲率不超過百分之四至五，乃屬正常現象，但如超過此一上漲率，除受國際性上漲因素而外，即屬後者供需失調與人為哄抬而使物價上漲，尤其是人為哄抬造成通貨膨脹結果，所得再分配，使薪資階層遭受損失，升斗小民生活困苦程度加重。處此情況，即須由政府採干涉措施，加以矯正，以安定社會大眾生活。

　　當前國內物價上漲，上述四種因素皆有。所以穩定物價措施，正如

蔣院長指示，經濟問題需用經濟方法來解決，而人為因素則以行政權力加以干涉。政府所採各項措施，三月以來，在限價物品方面尚稱穩定，然因近日來日用品「沒有一樣不漲，物價上漲情勢，已逐漸走上全面性」，所以穩定物價問題確如本月二日蔣院長在立法院宣稱：「穩定物價是當前最重要的問題。」需要：「審慎研議明年度物資調節及穩定物價的全盤計劃。」謹就一個中心課題，三項根本要領，分別貢獻補充芻見於後：

注重一個中心課題——即合理分配所得的問題。

蔣院長曾指出：「政府的財經措施，不能僅從增加經濟成長率高低來評斷其得失，也要從其措施是否足以擴大或縮短貧富差距來衡量。」並且明白指出，穩定物價係為「民生安定」，政府必將盡心盡力有效、經濟地運用一切可用的力量，來改善和安定民眾和軍公教人員的生活。準此，穩定物價最根本課題當是為合理分配所得，亦即在消極方面保障薪資階層與升斗平民，確能保有免於凍餒之虞的安全生活。在積極方面則為縮短貧富差距，實現均足均富的理想。此因：

（一）限價措施因廠商業者或惜售待價，或囤積居奇，零售價格又無法全面限定，一片漲風，百物騰貴結果，所有物價的負擔與損失悉由消費者所承受。

（二）廠商業主總以「利潤」第一，「成本」至上，政府難於要求其做虧本生意。有利潤可圖時，則競相爭求，如某些業者一再要求開放出口。有成本虧損顧慮，則減少生產，如鋼筋供應內銷事例。所以，任何物價上漲，廠商均以圖利為主，至少可以保產保值。而通貨膨脹更可使其「增值」，真正受災受害者皆為薪資階層與無產無業的升斗小民。

（三）政府為收縮通貨所採提高利率或將台幣升值，對已賺得大批錢財之廠商或投資生產或週轉套利，均屬利多於弊，而薪資階層與無產無業平民無利潤可賺，縱或增加薪資，也因通貨膨脹造成所得再分配，抵銷所增「收入」，而生活困苦每況愈下。因此，在求「民生安定」方面，下列芻見或有參考價值。

A. 研訂合理薪資制度以避免薪資階層與大眾平民因通貨膨脹造成所得再分配而遭受損失。如此，亦為免於限價措施的最有效途徑，其方式列舉如下：

1. 採「實物」折算法。我國抗戰期間通貨膨脹，薪資計算有以米或其他實物計算者，甚至公私交易往來如繳納學費政府田賦實徵皆是。今者，政府無妨擇定二三民生必需實物如米、肉、布、鋼筋等等，作為薪資折算單位，並訂定自動調整比率與折換時機與方式，於「非常」時期要求全面或局部實施。如此縱然物價波動，通貨膨脹，則薪資所得者可減少因所得再分配而受之損害。即使不實施，亦可收「嚇阻」廠商哄抬物價與安定民心之功效。

2. 採物價指數計算法。比如英國薪資依物價上升指數而要求同時增加，我們似可考慮參酌採行。

3. 依各業勞力生產力適時調整其工資。此法行之於產業界為最合宜而公平之方式。

4. 要求民間企業廠商參照軍公教人員實物配給制度，以員工福利名義，對受雇員工負責配予定量食用必需品，如此，亦可收安定薪資所得者大眾人心與生活之功效。

B. 與其對少數生產者難作「公平」之「貼補」，無如將此龐大貼補費用移作全面建立社會福利制度之基金，諸如先行舉辦失業救濟、養老給付、醫藥保險等等，必然惠澤平民，福及全國，是亦為仁政宏圖的具體措施。

C. 由政府運用軍工力量，大量建造國民住宅，務期中下階層者住有其屋，所謂有恆產者有恆心，此點對於安定民生大有助益。

D. 及時策劃民生必需品之配給制度。此因資源缺乏物價波動恐非近年內所能平息，設如情勢再行惡化，則限價絕不能奏效，而目前平價拋售辦法，對於普遍嘉惠真正消費者大眾，難收實效。所以民生必需品依家庭人口採行平價配給制度自有必要。

E. 以貼補或融資或減稅進口之物資，嚴格監督其平價產銷，俾使此

項政策收到真正實效。

F. 在縮短貧富差距方面，最主要手段當在稅制的改革，加強稽徵直接稅與遺產稅。如劉大中先生建議對於外銷已獲厚利的企業，不必再給予優惠的退稅待遇，以及徵收出口附加稅，皆是方式之一，而西德在穩定物價所採各項措施，對個人所得超過一定金額者課以百分之十「安定附加捐」，對於縮短貧富差距更不失為良策之一。

致力三項根本要領：

依據蔣院長對於穩定物價與經濟建設各種指示，當以確保資源不虞匱乏、經濟穩定成長以及縮短管理與技術差距為亟需致力之根本要領。謹試議如下：

（一）確保資源不虞匱乏：

1. 類似公民合資向國外投資開發木材資源的計劃宜擴大進行。

2. 對民營企業爭取國外資源宜訂有獎助辦法，促其積極進行。

3. 對過份依賴進口原料之工業宜不再鼓勵其擴充生產，並有計劃地指導與協助其更換生產設備，改弦更張。

4. 派駐國外使館官員，尤以經濟參事、商務專員及公（民）營貿易採購團體，宜課以尋找所需原料物資為首要任務之一。

5. 以寓「節」於「徵」的方式，促使國人節約能源與高價進口之原料。例如徵收汽車燃料費以「隨油徵收」替代「隨車徵收」辦法，以節約油源（參六十二年八月二十日經濟日報）。以及對消費過高者，課以累進稅金，以促其節約。

（二）維持經濟穩定成長：除目前爭論中之出口是否鼓勵，台幣是否升值等問題而外，似宜把握下列各點：

1. 充分就業。

2. 集中公民營企業力量加速發展石油化工業。

3. 對民營企業採行「適當輔導」，即對已賺得不少外匯與有可靠利潤可圖之出口工業，尤以大型企業，其融資貸款力求減少，而以之用於有發展前途之中小企業，以防止私人財富過度集中，俾實現均足均富之

目的。

4. 以公營企業為中心，有計劃結合民營企業，使公私相關企業組成一大「集團」，俾利對外競爭與發展，以收發達國家資本與扶植民營企業之雙重功效，而達經濟穩定成長。

5. 長期經建計劃務須將民營企業納入，多方協調，編訂「集中化的計劃」，並適時檢討調整，以確保經濟繼續穩定發展。

（三）縮短管理與技術差距。發展經濟仍以拓展外貿為首要。但今天以我們出口工業皆屬勞力密集的加工工業，賴其繼續對外拓展貿易，不僅生產原料難求，且其所賺蠅頭小利亦不足補償因外銷價格刺激內銷價格上漲幅度所受的「損失」。所以政府早經決定發展高級精密工業乃屬極明智決定，但此點呼之有年，如何使構思加速地成為事實，當在加強研究發展，以縮短管理與技術的差距。蔣院長對此已要求國科會。目前某些大學研究所亦有開始進行「應用」研究的事例，似宜因勢利導，借鑑於美國施行辦法，由政府編列足夠經費，釐定周詳計劃，責成各大學研究所為民營企業負起研究發展與管理服務之責。此外，並嚴予保障專利權，以獎勵私人發明創造。協助與指導民營企業引進新技術與改進管理等等。如此，假以時日，必能打破當前有礙發展的障礙，走向高度工業化。斯為發展經濟、安定民生的長遠宏圖。

——原載於《自立晚報》
民國六十二 (1973) 年十一月一日

四、能源開發與國防工業發展

世界性「能源問題」，特別是石油危機，因此番中東戰爭，阿拉伯石油輸出國組織十個國家以石油作為「政治武器」，而使之急遽升高。其為若干國家人民帶來損害之程度，全世界為之震動。如果以阿和平未得「合理」解決，其情勢繼續惡化，將不知伊於胡底。特別是阿拉伯國家在「禁運」、「減產」、「加價」之外，再進一步採取其他手段，諸如「沒收石油公司的股權及資產」、「撤回阿拉伯在美國的石油化學工業的投資」，尤以「以石油所獲巨額美元在國際貨幣市場拋售，並將存在美國銀行的資金全部提出，製造另一次美元危機」，則情形之嚴重，更不堪想像矣。

目前各受害國家無不採取緊急性的能源節約的應變措施，即使富強如美國僅短缺來自中東的百分之六的石油，也噤若寒蟬地採取了若干強迫性節約措施，無不令人有觸目驚心之感。我政府正已加強石油、天然氣、地熱、煤礦、銅礦的礦業資源的探勘開發工作，並策訂了各種能源節約方案，各方無不擁護支持，且競相提出建議，對於政府多日以來不計盈虧，油價、電費迄未調整提高，全國同胞更是稱頌不已。而關於能源開發與節約方面，各方所作建議意見，不僅至多，而且無不值得政府參考研究者。然而，如就石油危機，從各方新聞報導中稍作深入分析，捨眾所談論的能源開發與節約而外，至少仍有下列諸點亦屬亟需及時加以慎謀遠慮者，茲試言之，以供有關當局參考。

第一、國防應變的準備

據權威性的年鑑 1973-74 年版的《珍氏武器系統》報導，未來石油缺乏可能改變現代戰爭情況，並對世界和平形成新的威脅。亦即由於油料的缺乏可將世界少數部隊軍力目前機動力喪失百分之九十，其餘大多數

喪失百分之九十九的動力，珍氏年鑑並警告說，核子武器和傳統軍力仍可在缺少石油的世界上作戰，但對世界和平至少可產生兩種新的威脅，此由於人們了解喪失坦克、飛機、燒夷彈、大多數海軍軍艦和其他依賴石油產品的武器系統而迅感不安，可能很不幸地導致對化學和生物戰重估的危險，再則是大國武裝奪取石油結果，產油國家向大國尋求保衛結盟，造成大國之間衝突的情勢。斯言自有根據，情勢發展到如此地步，亦有可能。我們處於戰時，除了大量存儲戰備用油而外，我國防政策方面，目前保衛台澎防衛體系與未來光復大陸軍事作戰有關戰略戰術，武器裝備之整調，運輸補給之適應等等，均須加以深入檢討，適時策定肆應之方。所謂多算決勝，何況此絕非杞人憂天之舉。

　　第二、工業系統的調整

　　目前油價直線上漲，油源減少情形之下，不僅要改變貿易情勢，而且也震撼了工業體系。諸如油價上漲，美國在中東將失去貿易順差。而日本每年可能額外支付十六億美元，長此下去，將可能耗盡日本的外匯準備而妨礙其經濟成長。而油源枯竭，則現代石油化工業，運輸、鋼鐵工業，可以說全球性的工業均將解體。即以目前石油系統化工原料貨源減少、售價不斷暴漲而言，其影響即非常巨大深遠。現在經濟部國營事業委員會決定成立專案小組，研究如何長期有效地掌握我國所需的工業原料，如以我台灣地區所需原油僅佔總需量千分之三，為數甚微，加之儲產量最多的沙烏地阿拉伯與我邦交甚篤，保持油源，依情理可能不致困難。然而，世情常有令人莫測的劇變，而世界能源問題亦非短期間所能妥善解決者。因此，我石油化工業中下游計劃，其投資重點，擴展範圍，皆須加以縝密研究決定。在爭取油源方式上，據美國開發總署糧食和平計劃負責人邁爾說，諸如沙烏地阿拉伯之類的阿拉伯國家對糧食進口依恃甚深，美國會運用糧食以影響阿拉伯國家，使其解除對美國的石油禁運。果爾如此，我台灣地區資源足可依恃者是為糧食增產。在不影

響民食軍需原則下，似可以糧食作為與沙烏地阿拉伯國家簽訂長期交換或開發石油計劃，即使本「易貨制」(barter system)，以糧食易取石油，則從石油價格中所「賺」利潤亦可用於改善糧農生活發展農業，可謂兩得其利。而積極的作為，當應把握情勢，創設與發展適應能源危機的工業，諸如最近國內幾個大學研究所研究發展之電動汽車工業，及立委李文齋、胡秋源等所議成立飛艇工業等等，皆宜及時考慮，如有可行性，自應加速發展，亦可能因此新興工業可為我經濟成長、民生福利謀求得莫大利益。

第三、外交關係的轉變

據中國時報今年十月十二日社論分析：「第二次大戰結束後，國際關係的主要樞紐，第一階段是共黨國家與自由國家的冷戰與局部熱戰；第二階段是匪俄分裂導使國際關係的敵友不分，一片混亂；第三階段即是暫時擱置觀念差距，在能原糧食與貿易中，各自爭取對本國有利的條件，對某些國家謂之掙扎圖存，亦不為過。」並且進一步指出：一旦波斯灣被封鎖，在 Hormuz 海峽擊沉一艘巨輪，則世界為之立即變色，大多數國家的生產以至社會生活將陷於全部癱瘓，其禍害所被，將無異於一場毀滅性的核子戰爭。」衡度情勢，斯論當非「危言」。就此番以阿戰爭而言，阿拉伯產油國家所採石油戰術，把各主要消費國分成二大類，其一是「停止供應國」。目前被列為的有美國和荷蘭二個國家。另一類是「繼續供應國」，又細分為三小類：「友好國」、「存疑國」和「非友好國」。據報導，東京為希望阿拉伯國家將日本列為「友好國」，不惜故意不對以色列表示過份親熱的姿態，同時也已謹慎地對美國所提石油消費國家組織一個多國消費的同盟共同與產油國進行談判的建議不予支持。而西歐諸國對於此次以阿戰爭也抱隔岸觀火態度，不敢置一詞，更不敢左偏右袒，足可見其在外交關係方面之影響程度是何等嚴重。阿拉伯國家如果堅持石油戰，則目前美國與西歐與日本以至美蘇關係將發

生令人意外的劇變，大有可能。我國處此情勢中，在外交方面如何掌握契機，作扭轉乾坤的打算，似宜由有關單位密切注意研究。其要有二：一為消極方面，須慎防中共以開發渤海灣石油為餌，加緊勾結美日。周恩來最近雖然否定了日本投資石油探測和開採計劃的可能性，然依中共「否定的否定」的辯證法及其一貫的欺詐行為而言，中共與美日合作開採石油，而以此在「外交」上對美日作更大的敲詐，以逞犧牲我國的陰謀，實有可能，故不得不嚴密注意者。而在積極作為方面，即係加緊探勘與開採我海域石油，多多尋求與美日技術合作，共同投資開採。尤須將中油公司協助菲律賓探勘開採石油方式，加強其陣容，設法推展及於印尼、馬來西亞、婆羅乃、泰國、特別是越南、高棉諸國。多方趁時尋求「合作」，自可加深外交關係，設如開採到大量石油，在經濟上、政治上，帶來無限的福祉，特別是在外交上將有扭轉乾坤的轉變，更為必然之事。

　　第四、探求油源的坦途

　　據聯合國亞洲暨遠東經濟理事會五年前報導以及美國海軍科學家宣稱，台灣至日本之間的大陸礁層，是世界最大可能石油貯藏之一。我已加強探勘開採要如前述。但依據調查統計，世界石油蘊藏量除亞洲佔百分之六十六點六，北美洲佔百分之十二，西歐佔百分之零點五而外，南美洲亦佔全球百分之七，以往非洲無完全估計，但據最近我駐象牙海岸大使館經參處報告，非洲石油蘊藏非常豐富，估計約佔世界百分之十五點三。而且這兩大洲產油量，南美洲的委內瑞拉居世界第三位，非洲十年來自三千三百萬噸增至三億噸，幾為十倍，其發展之速可以想見。固然這兩個地區距離我國較之中東阿拉伯國家更為遙遠，爭取得油源，其因運輸所費成本將為之大為增高，但在分散採購地區政策下，特別是南美洲國家邦交多屬敦睦，而非洲不僅有多數國家與我保持極友好關係，我先鋒計劃所創成果與貢獻更得其頌讚，在當前外交情勢方面，這兩大

洲實大有可為。因此，向這兩地區探求油源，可能較之向中東國家單純便利多多。如我力能所及，更宜設法爭取合作探勘開採的機會。此舉無論在政治、外交、以及經濟方面均有其莫大裨益。斯皆建議責由有關單位多方研議，以作長遠之佈署。

——原載於《自立晚報》

民國六十二 (1973) 年十一月十八日

五、有關實現「均富」理想論述之平議

一

今年九月二十五日蔣院長於立法院五十二會期所提「口頭報告」中指出：「我們的社會建設，是依據民生主義的社會政策，逐步建立一個『均富』『安和』的福利社會。」國內各新聞報刊多就「均富」、「安和」理想的實現或發表社論，加以闡揚，並示擁戴；或增訂特刊，提供建議意見以供政府參考，在在均可見及蔣院長所強調之「均富」、「安和」的理想與政策深為國人所重視與稱道。

二

關於「均富」的定義，　總統於「土地國有的要義」訓詞中解說得最為簡明切要。　總統認為民生主義「平均地權、節制資本」就是「均富」。並明確指出：「『均富』是要使人人有田種，人人能發財，但是不許每個人在限田額數之外，再壟斷成為大地主，亦不許財主集中社會財富，成為托拉斯，而再有社會不平的現象。」　總統又闡明：「總理的民生主義，就是在使人人有土地，人人有工作，人人有權利，人人有自由，亦就是人人能自由生活，人人能自由生存，人人皆能享受其康樂幸福。」這當然又是「安和」的最佳寫照。至於「均富」與「安和」的關係，卻如蔣院長此番向立法院「口頭報告」中所說：均富是安和的前景，安和是均富的結果。是「兩者相輔相依」的關係。皆應為眾所共識無疑的詮釋。

三

39

　　然而，從最近國內報刊就當前經濟發展，限價措施，以及金融貿易等等衝擊性的問題，而對「均富」、「安和」所陳議論，所提建議中，其需加以辨正之點至少有下列兩端：

　　首為「均富」是否為「平等」「分配」「社會的財富」。此因有學者以「經濟平等的意義」為題（註一），論述「均富」為「平等」「分配」「社會的財富」，而指出「財富的重分配對於窮人所能產生的利益畢竟是短期的，如因其而延緩了經濟成長的速度，則就長期的觀點看來是很不值得的」，因而主張「對於經濟不平等的現象亦須予容忍」。然筆者認為「平等」「分配」「社會的財富」或「財富的重分配」雖絕不同於「共產」主義，但也不能以此與民生主義所揭櫫的「均富」目標混為一談。其一，「均富」在求縮短貧富之間差距，它是以合理分配所得為主要手段。其二，「均富」是為「改善大眾的生活，增加全體人民的財富」，要在於公民營企業相互配合發展而得（註二）。所以民生主義的「均富」理想是「分配」與「生產」同時兼顧的，絕不是單純的「平等」「分配」「社會的財富」。

　　次為縮短貧富差距是否阻礙經濟發展。縮短貧富差距不僅為民生主義「均富」理想所欲實現的具體目標，也是當代極大多數經濟學家所一致稱許的主張，但也有其爭論之點，就最近我國內學者專家們對此問題所發表的議論而言，至少有兩點應加辯正者：一為先「富」後「均」或求「富」同時求「均」之爭；再為縮短所得差距之結果可能斲喪了企業家甚至國民大眾奮鬥創造的精神，違反了現代社會組織的「上進原則」(principle of advancement)。有論者謂，縮短貧富差距之旨在預防財富集中，除暴力的共黨革命而外，政府可運用的手段有二：即「累進課稅」與「移轉支出」。但累進課稅與移轉支出結果，將影響「資本形成」，政府的稅收因以無法增加而阻礙了經濟發展。論者並以美國自 1964 年的百分之九十一累進稅率降低到今年的百分之七十，明年還要降低到百分之六十五，以說明高峻所得稅率之不足取（註三）。

　　事實上，美國已「富」了仍在求「富」，將來一切仍是為求「富」

有，這是他們在自由競爭的經濟制度和市場化 (marketization) 的社會中，莫不以利用資源增加財富，這種「功利的」、「理想的」思想方式為使然。並非純為增加稅收為加速「資本形成」。而這種自由競爭的制度，其最大價值「在於增加社會的財富，而不在維護社會的和諧，美藝的快感，神祇的服務」（註四）。如果美國政府未及時訂定反托拉斯法案，未建立種種社會保險福利制度，恐怕美國在經濟與社會各方面的公害與禍亂的情形可能到了不敢想像的地步了。我們　國父講民生主義為「思患而預防」早就提出「一次革命論」，要「畢其功於一役」。所以民生主義的「均富」當是求「富」而同時求「均」。這是不容置疑的真理。是富國立民的大政至計。即以「均富」而論，要增加社會大眾的財富，其因正如中央日報今年八月二十一日社論所闡釋：「所有自由經濟上軌道的國家，其經濟基礎之所以堅實，其企業資金之所以充沛，都是建立在廣大殷實的社會中小資產階層，而不是依靠少數大資本家口袋中的財富。」實是切當之論。

至於「均富」結果會斲喪創造精神，違反「上進原則」亦屬未然。試觀美國實行高累進稅率之際，大型企業依然日漸增多；致力研究發展以求技術創新；或多角經營，組織多國型公司向海外擴張投資，種種事實皆是說明其創造精神與「上進原則」並未因徵收高累進稅率而有所斲喪。而我們致力縮短貧富差距，要儘量減少不勞而獲的所得，以增進社會福祉，保障國民「合理的生活水準」。而且，民生主義經濟仍在「經濟自由」之保持，對於人人依其智能與勤勉而求得的富裕，累積了財富的經濟上的「不平等」，並未排斥。準此，民生主義「均富」理想的追求，何有喪於奮鬥創造的精神與社會「上進原則」。

四

關於如何實現「均富」，就純經濟觀點以言，要在為財政政策，金融政策與所得政策之合理運用（註五）。茲就各方論述意見，試予平議

41

如次：

　　首言財政政策方面。本月十五日李部長國鼎在立法院已表示：「今後將以財政手段，未雨綢繆，力求縮短貧富之間差距；將改革賦稅以加強所得稅的建制，草擬新的土地稅法以收地盡其利與地利共享的效果；並計劃改採營業加值稅制度以達稅負之公平。」果能建立起這種「量能課稅」的合理而健全的財稅制度，而政府因稅收之增加又能在「轉移支出」方面用之於社會福利多所擘劃，以影響國民所得之均等，是為實現「均富」以晉「安和」最有效用之正途，然下列諸點有屬爭議至多者：

　　（一）高所得稅率問題。採高累進所得稅率是為防止資本過度集中之有效手段，但亦有學者認為「『累進課稅』對平均財富的作用有限，而其阻礙經濟發展的貽害卻大」。所以主張不宜採高所得累進課稅，使社會財富集中，以利資本形成。

　　當然，在開發中國家，運用租稅政策，如減稅免稅之優惠，甚至採適度之通貨膨脹手段使所得重分配，俾利資本家獲至高利所得以加速資本形成，或有必要。但捨此以外，仍有外資、外債，技術援助，國民儲蓄，尤其是公營事業的收入，皆不失為資本形成之重要來源（註六）。我國租稅結構以間接稅為主，所得稅率及其徵收績效之低亦遠在日韓之後，且年有退步。提高所得稅率，加強稽徵，以矯正偏低猶恐不及，從何言及「採高累進稅率」取「削平高所得」政策。

　　而且，資本形成是屬投資的結果。如果不當得利的暴富者，將其所得財富變「投資」為「投機」，在股票市場掀風作浪，在房地產經營，囤積居奇方面下「功夫」，加速造成通貨膨脹，以坐享更大「暴利」，豈是願為「大戶」集中財富，期望資本形成所願見者。

　　（二）租稅政策與物價穩定問題。當前國內有關安定民生之短期經濟問題是在物價的穩定。物價如何穩定，自有多方面措施，租稅政策即是其重要環節之一，諸如減稅免稅措施，對於穩定物價自有相當影響。一般論者總以「量能課稅」既符公平原則亦可維護社會大眾利益。我們租稅政策亦是以「提高直接稅而減輕間接稅」為既定目標。此番李部長

國鼎所表示之主張正是邁向這一目標的措施。然涉及物價問題，論者又謂：「短期的價格雖然受支配於市場的需要及若干人為的因素，而平均的長期的物價則必決定於成本。」「間接稅是成本構成因素」，而「所得稅的加強徵收，其最顯著的經濟效果，是社會購買力的減少」，因此主張「應該先從事於間接稅的減輕，以降低生產成本」，又謂：「如果這一步驟不先實行，貿然加強所得稅的徵收，提高所得稅率，則短期物價穩定的效果也許可望發生，但多年來獎勵投資儲蓄成績，恐將因而退步，經濟成長與出口貿易亦必因而改觀。」（註七）

關於這一問題的分析，其先決前提應是我國間接稅之徵收率是否偏高。其二是成本提高物價上漲之因是否單純由於課稅太重所致。事實並非如此。我們營利所得稅率為百分之二十五是屬偏低，有提高之必要。而當前國內物價上漲之因所謂「成本提高」是受國際性物價上漲，以及人為哄抬因素所造成，是為眾所共識者。再則，我國目前稅收仍以間接稅為主，間接稅佔全部稅收四分之三至五分之四，如果不加強直接稅及所得稅建制，又要減低間接稅以求降低成本來穩定物價，捨政府稅源可能「枯竭」而外，即使做到「免稅」商品，對於消費者而言，其所得實惠，能否與生產者所獲「保護」或「保障」利潤相當一致（不當暴利更不必談），能否使物價就此穩定，頗有問題。

（三）改變外銷退稅影響出口問題。這又是議論紛爭的問題，且因此而有「經濟成長」與「經濟穩定」的「論戰」（註八）。持此說者總認為改變外銷退稅必然削弱我們在海外市場競爭的力量，也就是砍掉了出超，必然妨礙經濟的發展（註九）。

言及外銷退稅是否應予改變，據統計：「目前有六千多種物品可以享受出口退稅，退稅項目且擴及貨物稅，進口臨時稅、港工捐、鹽稅及冷凍豬肉屠宰稅等項，此外，出口物品並可享受減免營業稅及印花稅。根據獎勵投資條例，產品外銷達年銷量百分之五十至百分之八十以上之新設食品、木材、橡膠、化學、電子、紡織……等等工業並得享受免徵營利事業所得稅或加速折舊之優待。」此種保護程度實在太過偏高。不

僅如此，「出口物品於享受退稅優待外，尚可獲得低利貸款，又為一種變相津貼」（註十）。因此，加強稽徵，如果對於這種過於偏高的優待不予取消的話，自是有失「公平」。李部長國鼎已指出，要「減少若干錦上添花，徒然增加暴利的免稅獎勵」。付諸實施，絕對是福國利民的政策。而保護太多，也難養成我們外銷產品在海外市場真正的競爭力，何況永遠減稅免稅如此保護下去，也違反了經濟正常發展，「暴富」與「赤貧」也會由此形成。所以改變外銷退稅政策是為勢所必需。亦為消除不當所得以達「均富」的應循之途。問題在一旦如此偏高之優待遽予取消，是否會更暴露了我們以外銷為主的中小企業先天性弱點，經營逾益困難。準此，減免之速度與程度，以及減免之對象是否先以較大型企業為主，或以獲利較大之企業為先，然後及於一般之中小企業，或則採取「差別待遇」來訂定取消退稅辦法，是否較為穩健之圖，是為必須計議所及者。也唯有在我們的出口工業能不在優厚「保護」之下坐享不當「暴利」，在海外市場的確有了競爭的力量，那時，任何出口擴張的努力，皆可為我們經濟發展與社會建設帶來真正的福祉。

（四）合理分配所得承認的問題。經濟日報於十月四日以政府擬調整營利事業所得稅累進稅率而認為這是朝向「均富」目標的財稅措施。但亦建議，如果企業界以其日益增加的營利所得，合理的分配於員工薪資及福利，合理的分配與員工訓練和進修，以及合理的分配與設備的更新、產能的提高等，這些合理的分配如能得到政府稅收機關的承認，當是企業員工兩蒙其利而又合乎「均富」政策的最佳措施之一。此說立意頗佳。如果對於利用「剔除」免稅而逃稅漏稅——例如「財主設立一個免稅的『基金』，把他大部份的金錢投入，然後自己花用。普通人到娛樂場所去玩的時候，自己付錢，而大亨們帶著朋友，飛到高級遊樂區，以『業務費用』的名義支付『免稅』」（註十一）這類方式。能有效防止的話，此議甚符「均富」精神，似宜並予考慮者。

在金融政策方面要為低利貸款於低所得者，諸如蔣院長所提及之低利農貸，以及政府舉辦之國宅貸款等等皆是。即以上述兩種貸款而論，

對於低收入者農民及都市平民均有極大利益。對於政府「放寬農貸的條件，由農貸行庫與農會辦理聯合專案生產貸款，對計劃發展中之貧困地區，辦理農業信用部，都積極有所改進」，以及「可以一律先辦信用貸款，俟農民投資生產後，再補辦抵押手續。又借款未還之農民，經專案審查，確因天災無力償還者，仍可繼續予以貸款」等等，十月四日中央日報社論曾對此有所稱道，當可想見其績效。然而國宅貸款，協助國民興建住宅部份，則始終未應所需，所謂：「有恆產者，有恆心。」此點至屬重要，似宜極應研究大力加強者。

在所得政策方面，政府對勞工採取最低工資政策，對於軍公教人員待遇之改善，以及為顧及薪資階層大眾生活之安定而採限價措施等等，皆為「均富」、「安和」理想之實踐。就下述兩項議論意見甚值當局所宜參考研究者：

其一，為經濟日報十月十日陳文龍先生撰文認為：「政府年來減輕農民稅負，提高農產品價格，加強農村貸款，以及降低原料進口關稅，補貼黃豆小麥差價以平抑物價等，都是賢明的『均富』措施，值得國人感佩與讚揚。倘若進一步以財政節餘（如六十一會計年度高達七十多億元），大幅提高低級軍公教人員待遇，使之力能仰事俯蓄，安居樂業，則隨著經濟加速發展，建立一個安和樂利的均富社會，短期內必能達成此一理想。」此議甚合蔣院長「改善和安定民眾和軍公教人員生活」的基本政策。

其二，丁幼泉先生於經濟日報「雙十國慶特刊」中，以「均富的起點」為題，認為：「最低工資的實施，將迫使雇主汰弱留強，新進勞工的技術不夠水準則不予雇用，勞動生產力賴以提高。」但為有助於工資水準之提高，須採行下列幾種配合措施，一為「合理工資」及「績效獎金」之倡導，以使「工資」與「生產」及「利潤」維持適當之比率，次為利潤分配制度的推行，使員工除可以獲得正常工資以外的「紅利」，並配合「入股」辦法，以改變其經濟地位。再為勞工置產辦法之仿效，即仿效西德的「促進勞工置產法」幫助勞工能有屬於自己的房屋。所議

亦甚合蔣院長所定「增進勞工福利」政策，有關單位允宜加以研究者。

要之，當前收入偏低者為農民，薪資收入有限、且常受通貨膨脹所得再分配而使生活無從改善者為軍公教人員，以及收入偏低又常受通貨膨脹之害者為勞工大眾。上述建議皆與此三類人員有關，設法一一研議採行，在社會福利政策方面並作一整體擘劃，確可改善低所得者大眾平民之生活，對於縮短貧富差距，實現「均富」、「安和」理想是為最基本的起步點。

　　　五

就民生主義「均富」方法而言，其主要辦法除「節制資本」而外，尚有「發達國家資本」，亦即公營事業之經營發展，在實現「均富」、「安和」理想過程中，將扮演極其重要的角色，以謀求社會全體大眾財富之增進。然學者專家對於公營事業經營之範圍每有若干意見，新聞報端載有開放民營的呼聲亦時有所聞。此番蔣院長在立法院一再明確地指出，公營事業之目的與功能及其經營之範圍，當屬止「爭」之定論。

然以我國營事業直接經營事業與間接投資事業共二十六個事業單位分屬於經濟部、財政部、交通部、內政部、以及總統府（註十四）。除經濟部有國營事業委員會能對該部所屬各事業單位作整體擘劃之外，其他各府、部以及對全國所有公營（用）事業單位資源之統籌分配，發展計劃之協調，進而結合民營企業之共謀發展，則有未盡善之處。是故創設「總管處」，健全組織體系以利經營發展，似宜即時加以考慮者。

　　　六

民生主義之內容除食衣住行物質生活而外，仍有育與樂方面的精神生活。蔣院長已就「精神與文化生活水準的提高問題」，提醒大家不要「因為經濟發展物質生活水準提高之後，反而在物慾中迷失了自己」。

各新聞報刊多先後就此問題發表社論或專欄文章，予以闡釋強調，似已引起社會的注意與重視。然以「均富」、「安和」之理想境界是 國父畢生革命以求的「大同」之治，欲求其實現，所涉範圍至為廣泛，舉凡政治的、社會的、財政的、經濟的、教育文化的、以至立法、司法部門皆須各盡其職能，事功殆有可期。以往，政府有「政治」、「經濟」、「社會」與「心理」四大建設之鼓吹提倡，今則眾所重視為四年經濟計劃，而與「均富」、「安和」最有關係之「社會建設計劃」尚未有具體之擘劃。目前，台灣省政府與台北市政府為消滅貧窮，縮短貧富差距，而分別訂有「小康計劃」與「仁愛計劃」，此舉無論在號召與推動各方面，其影響力量必然因以倍增。而今蔣院長強調「均富」、「安和」，立即獲得新聞各界一致頌讚喝采與竭誠擁戴，可見「均富」、「安和」之提出具有何種重大意義。因此，建議中央除對「小康計劃」與「仁愛計劃」主動盡其綜合協調之功能而外，似宜將現行之「四年經濟計劃」合以「社會建設計劃」等等，並正名為民生主義四年經濟建設「均富計劃」，以符合蔣院長對經設會指示，依據「均富」原則，檢討修正該計劃之真正意義。如此，名正言順，且責有專司，其在國內外政治號召與全面建設方面，皆可產生無比的力量，獲致實質上的莫大助益，可以定言。

備註

註一：見經濟日報「雙十國慶特刊」

註二：見蔣院長民國六十二年八月五日「對經設會提示事項」文。

註三：參見經濟日報「雙十國慶特刊」陳文龍先生文。

註四：參見 F.W. Riggs, The Ecology of Public Administration，金耀基編譯，《行政生態學》。

註五：參見經濟日報民國六十二年十月八日何瑞坤先生文。

註六：見 Gerald M. Meier, Leading Issues in Economic Development, Oxford

University Press, 1970, 2nd Edition, pp. 165-327.

註七：見中國時報民國六十二年十月十日張則堯先生文。

註八：見中國時報民國六十二年十月五日阮登發先生報導文。

註九：見中國時報民國六十二年八月十日社論。

註十：見中央日報民國六十二年十月十日徐青珠先生文。

註十一：參見自立晚報民國六十二年六月十二日燕青先生文。

註十二：見主計處「統計提要」。

——原載於《中國經濟評論月刊》

民國六十二 (1973) 年十一月二十四日

六、輔導中小企業之芻見

關於如何輔導中小企業，日來各方論點多以協助解決當前所面臨的資金與原料不足兩大難題為中心，這自是重點所在，但除此以外，我國中小企業仍有若干造成經營困難、發展有限的其他重大缺失，諸如「家族企業」的保守排外，設備陳舊，經營規模狹小；管理知識缺乏，財務結構不健全；以及技術不足，外銷市場困難等等，皆是眾所共見的。

目前，由於國際性物資缺乏（嚴格說來是物資爭奪戰）以及金融危機，區域性經濟合作的倡行與雙邊互惠關係的拘束，為國際貿易形成壁壘重重的諸般情勢，特別是因「能源問題」，石油短絀危機，震撼了整個世界工業體系所造成的損害，誠非短期內所能平息。一旦我們中小企業再次承受外來的衝擊，則情形之嚴重已非限於輔導中小企業之事了。所以「未雨綢繆」及時採取長遠而周全的措施是為亟需之圖。僅依消除兩大「病根」，確立輔導原則，以及做好輔導的關鍵工作，略陳芻見，以供有關當局參考：

消除中小企業的兩大「病根」

中小企業存在的事實在高度開發國家亦可見及，且成為大企業所必需者，而我國的中小企業多是經營不善，問題過多，其根本原因在「家族企業」與惡性競爭，前者為我國中小企業一切落後與艱困的根源。後者，惡性競爭則是唯利是圖，一窩蜂盲目投資，造成資源浪費，不顧商譽，常使兩敗俱傷，也影響及經濟順利發展成長。故言輔導中小企業，首應重在設法，諸如修改公司法使企業的「所有」與「管理」分開，以政府干涉力量，督其計劃生產等等，來根除這兩大「病根」，大效宏功方可有望。

確立輔導原則

我國中小企業佔企業總數百分之九十以上，加之若干中小企業先天上存有若干重大的缺失，欲求普遍而徹底地做好輔導工作實非易事。所以台銀成立之「中小企業融資服務中心」訂定了優先輔導次序，至屬允當。設再合以下列條件作為優先輔導原則，當能執簡馭繁，求得實際的功效。

——非屬「家族企業」者。

——有發展前途且商譽良好品質管制優良者。

——配合政府經濟計劃要求者。

——參加工業職訓制度依規提供職訓基金者。

——參加國民就業輔導系統者。

——無逃稅漏稅行賄走私種種不良記錄者。

做好輔導的關鍵工作

由於中小企業數量之多，行業之廣，尤以中小企業擁有企業人數佔全部企業員工把分之八十以上。所以輔導中小企業無異是我國經濟結構之轉變與企業體質之改善。任何措施，其牽涉之廣，影響之深，自不難想見。加之，今日任何一國之經濟成長發展又無不與外在客觀情勢相牽連。因此，言及中小企業輔導自非僅僅改進中小企業本身某方面困難所能竟其功。不僅「管理、技術及資金三方面必須兼籌並顧，不能有所偏廢」（見民國六十二年十二月十九日經濟日報載俞國華先生講詞），更須從整體著想，謀求多方配合，即發揮「團隊精神」，克服諸般困難，殆可望其生存發展，日見其盛。準此，做好下列各項輔導的關鍵，似為根本之圖：

（一）擘劃衛星工廠合約制度的建立。這是中小企業最正常的生存發展之道。已開發國家風行企業合併，而若干中小企業依然可以生存，

即是由於中小企業能發揮它對大企業配合與輔助的等等獨特功能，使大企業能收到「節約」「增產」的利益，而中小企業在技術上、經營上又無不受中心工廠之指導與協助，而進步而發展。此為眾所共識之事。以往，對於「衛星工廠」制度我們也早在推動，但成效不著，其因是雙方過度重視一己「近利」，尤其是彼此不能坦誠相對，本著「互助合作」的精神來共謀發展。例如中心廠對衛星廠只提供加工原料而不提供加工技術，只要求如期交貨，而無長遠合作計劃，尤其是在加工價格方面彼此明爭暗鬥，淡季旺季，常使對方吃虧犧牲，所以欲求建立此項制度，使大中小企業皆能蒙受其利，有助於我國經濟整體發展，似宜由政府調查全盤實況，作一整體擘劃，並釐訂規章辦法，使雙方皆有「保障」，皆能「互惠」，以之來積極鼓勵、協助以至監督這項制度的建立。大中小企業如能建立起唇齒相依、血肉相連的關係，表現出同舟一命、和衷共濟的團隊精神，其貢獻、其影響豈限於輔導中小企業共謀經濟發展。

（二）導使民營工業與國防工業的結合。一旦建立「衛星工廠」制度，再就若干與國防有關之民營企業如鋼鐵、化工、紡織、食品等等工業予以組織起來，在不涉及國防機密原則下而有計劃有步驟地優先輔導此類民營企業，協助其改善設備，灌輸其承製零件、製造加工的技術，使民營企業能經常、大量地為國防所需而生產。這不僅是輔導中小企業經營發展邁向可靠的成功之路，也是貫徹了政府財經措施方面「經建計劃應與軍事發展密切配合」的基本原則。過去已推動有「教育訂貨」而改為「軍品試驗採購」，成效雖不太顯著，但如針對缺失，檢討改進，必有所成。

（三）致力公民營事業管理合一的實現。現代經濟學者由 GNP 的倡導，而至 NEW (net economic welfare) 的追求，開發國家更轉向於安定經濟學的研議採行（見民國六十二年四月十八日暨八月二日經濟日報）。即使在自由經濟制度的國家，政府對經濟行為的干預也是日見其加重。例如美國政府接管鐵路客運，管制工資物價，防止暴富，保證窮人有一定的收入等等，便是最好說明（參考「國際經濟資料」一七八期第五頁

「公私管理合一」文）。我國民生主義經濟政策係以建設「均富」「樂利」「安和」的社會為理想。實施「公私管理合一」自亦屬順理成章之事。過去政府藉公營事業的經營，協調與輔導民營事業的發展已有顯著成就。今後如何將中小企業經營發展配合公營事業的經營發展納入經濟建設計劃體系，要求相互支援，配合執行，共謀整體發展，實在是輔導中小企業可見大效的重要思想與法則。

（四）鼓勵企業的合併聯營。扶植與發展中小企業可以有助於民生主義全民均足均富理想的實現，加之有若干企業無法也無必要發展成為大型企業。可是在自由經濟制度，國際競爭情勢下，我們中小企業如不走上合併聯營道路，不僅不利於對外競爭，且其自身亦恐難長久生存下去。此據工業局五十九年底止統計所知，全省小型製造業或加工業，其資本額在三萬元以下者有一萬八千三百一十六家，佔百分之五十四點五三。一百萬以上至五百萬者有兩千七百二十七家，佔百分之八點一二。一千萬以上至五千萬者有六百七十家，佔百分之二（參「企業與經濟」二卷八期第四十頁）。資本在三萬元以下，經營規模過於狹小者，竟佔百分之五十四點五三，豈能不設法使其合併經營。經濟部為獎勵中小企業聯合更新設備並實施合營，已訂有優先貸款與減稅免稅之獎勵辦法，雖因「家族企業」阻礙與「寧為雞口，不為牛後」觀念根深蒂固，其合併經營成功的實例並不多見，但如不斷疏導，再特加獎勵，例如無妨先選擇若干中小企業予以大開大闔的獎勵，促其合併經營，使業者感到合併經營確有實際而較大的利益，自會樂於從事。此為極富挑戰性且必須悉力以赴的重大課題。

（五）致力縮短「技術」與「管理」的差距。「技術」與「管理」差距不僅存在於開發與開發中國家，也存在於已開發國家之間，而在開發中國家技術落後，或則有新舊技術並存的現象，亦屬自然，不過，技術落後而又不能作有計劃的全面地努力研究發展，就值得檢討了。我們中小企業甚至大企業，多列「利潤」為第一優先，大多因陋就簡，安於現狀。能投入大量資金或編有足夠預算來研究發展之有遠見的企業主持

人實不多見。即使我們企業界各別進行研究發展工作，其力量其成效也可能很難盡符所望者。加之任何技術不能直接移植，成功的經營管理有賴於各方的配合，尤其技術革新是屬於生產結構的轉變，影響是多方面的。所以有關改進中小企業技術與管理的各種建議，諸如成立公私合營的研究機構，建立商情中心，建教合作舉辦各種觀摩講習，以至計劃實施「低成本自動化」等等，必須如《美國之挑戰》著者舒萊伯氏所期望於歐洲各國能仿效美國發揮「組織化的藝術」將「企業—大學—政府」三者結合為一，著眼於全面，共同致力研究發展，自可望有大成大效。

　　（六）結合企業力量積極拓展外貿。輔導中小企業對內在為安定民生，均衡發展，對外應為結合所有企業界力量積極拓展外貿，以爭取外匯，以獲得資源。此因我國中小企業多以出口為生計之故。可是，據統計，在兩年前台灣地區從事出口貿易的廠商就有八千三百九十家，不僅分散了對外競爭的力量，且因其間良莠不齊，為私利而損公益者有之，加之各已開發國家企業無不以龐大組織型態進軍國際市場，甚至「多國性公司」(multinational firm) 日漸增多，即使我們大企業亦難與之匹敵。所以輔導中小企業擴張外銷，不僅要由金融業者提供商情，促進聯繫，更應統合其所有力量，以利對外競爭，自屬必須之圖。現在，關於如何加速建立世界貿易網，以拓展對外貿易問題，政府已在進行研議，而企業界亦決定籌組專業公司，籌組機器聯貿公司，以至計劃成立世界貿易中心等等，皆是具體辦法，是亦為輔導中小企業團結一致，拓展事業的宏圖大計。似宜積極推動，促其及早實現。

　　至於一旦國際間種種不正常情勢愈益惡化，我們中小企業如何來迎接其更大的衝擊，此種應變計劃亦宜由有關單位有所規劃，以備不時之虞才是。

　　以上僅為筆者一得之芻見。此外，從報刊中可以見及各方所提有關如何輔導中小企業之建議意見，亦屬至多，或博引詳證，或專題論述，皆有其參考採行之價值。有關當局如加以廣泛蒐集，從「科際整合」的觀點，作一徹底而有系統的研究分析，必能以之作成極其完整的輔導方

案。在此，最值得引述的乃是李部長國鼎於去年七月二十七日在中小企業協會演講所提出的輔導中小企業之五大新方向：1. 作經常的輔導，2. 輔導力求整體配合發展，3. 由各單位協力推動，4. 從經濟的、分工的、以及配合發展的角度全面展開輔導工作，以及 5. 中小企業必須本身先建立具備履行計劃的條件和接受現代化挑戰的決心。這五大新方面可以說是五大輔導要領或原則。也唯有從整體配合，全面輔導，特別是中小企業自身須具備履行計劃的條件和接受現代化挑戰的決心，唯有如此，才能切符蔣院長一再強調的發揮「團隊精神」來「積極輔導中小企業」，以加速我們經濟發展，實現「均富」「安和」的理想。

——原載於《中國經濟評論月刊》

民國六十三 (1974) 年一月二十四日

七、我對行政革新的看法

一、引言

從蔣院長於本黨十屆四中全會報告行政工作時，曾坦率指陳了當前行政工作方面的五項缺失，即組織功能不夠靈活，行政效率不夠理想，基層組織不夠健全，政治風氣不夠清明，以及團隊精神不夠貫徹。國內新聞與學術各界就此項問題，再次各陳所見，論述至多，所作檢討性之各種建議意見，對於改進上述五項缺失，使由行政革新而政治革新，皆有其參考採擇之處。筆者不才，願本諸獻言興邦之忱，抒陳一得之見，以供有關當局之參考。

二、成因分析

言及政府致力行政革新已歷相當時日，特別是從蔣院長組閣一年七個月以來，訂頒十項革新指示等等革新措施，雷厲風行，並以發揮團隊精神勗勉互規，所收績效亦得國內外一致稱頌讚許，而迄今仍有此五大缺點者，如果從整體行政，所謂「科際整合」的觀點，或行政生態的觀點來分析，可能為下列四端客觀因素所形成。

第一、處於過渡社會的情境

美國行為科學派行政學家雷格斯氏 (Fred W. Riggs) 在其所著《開發國家的公共行政》一書中認為，要了解一個社會的行政行為，必須跳出行政本身的範疇而從其社會背景中去了解，亦即去了解公共行政與其環境之關係。所以他在《行政生態學》一書中創造了一種能夠解釋各種類型社會的公共行政的「模型」(model)，即其著名的「鎔和的─稜柱的─繞射的模型」(fused - prismatic – diffracted model)，此一「模型」既可適用於現代工業社會或傳統社會，更可適用於開發國家或「半開發」社會。

此說猶如羅斯托 (W. W. Rostow) 把經濟成長分為五個階段頗有相似，雷氏的公共行政的三種「模型」也可以釋之為「傳統的」、「過渡的」與「現代的」社會。並且亦如羅氏把「起飛」期視為社會變遷的一個決定性階段，雷氏也特別重視「過渡社會的公共行政」。

據雷氏的觀察，在過渡社會中最特殊的現象有三，即「異質性」、「形式主義」與「重疊性」。所謂「異質性」是指一個社會在同時間裡，同時呈現了不同的制度，不同的行為與觀點。所謂「形式主義」是指理論與實際的嚴重脫節。所謂「重疊性」是指一個機關組織的「結構」並不一定產生其當有的功能，「行政行為」往往受「非行政標準」主宰，而一部份的改變常會引起許多其他部份不可預見的改變，即所謂某一部份改革「進步」了，往往在其他部份又「發生了問題」；雷厲風行的實施改革，頂多把「組織表重新調整一番」，但對實際的行政行為的影響力則微乎其微，層層相因，又限於「形式主義的惡性循環」。

雷氏還指出，在「過渡社會」中，其領袖們皆以為人民創造新命運的面目出現，他們推動「現代化、工業化，為進步」而鼓吹，這種「自我推動的變革」的意識又構成了「過渡社會」的一大特徵。

我們的社會和行政從某些現象來觀察，似乎類似這「過渡社會的行政」，其在行政上某些革新措施與政治建設之所以不能全程貫徹，收其大效者，其因可能在此。

第二、面臨急劇變遷的衝擊

二十世紀以來，在經濟加速成長發展，社會大眾需求倍增情境下，政府公共行政事務因以日見繁重，特別是開發中國家在公共設施之增建與社會福利之舉措方面，成為政府一項極富挑戰性的工作與負擔。其結果是公務人員與機關組織日趨膨脹，政府財政支出逐年遞增，是為普遍共有之現象。以公務員人數為例，美國在 1946 年為二百一十萬人，到二十七年後，1971 年竟增至一千二百六十九萬一千人。我政府公務人員在遷台之初不滿十萬人，二十五年後的今天已接近三十萬人。其在行政管理上也就有問題叢生的現象。此種情勢發展，可以我台灣地區國民生產

毛額增加率為例，我台灣地區在民國四十五年國民生產毛額為三千四百五十四萬三千元，至五十年增為六千七百七十九萬兩千元，到了六十年竟又增至兩億四千九百二十七萬五千元，十五年之間就增加了七十倍。可以說工商生產、社會建設各種事業猶如幾何級數在增加中，影響及於政府公共行政事務的處理，其繁其重當可想見。僅就這方面客觀因素以言行政，其在各方面努力與進步，所以不能適應實際環境的需求，其因自明。

第三、傳統習性的影響

再次，就行政方面「人」為因素所造成的缺乏，諸如行政效率不夠提高，政治風氣不夠清明，團隊精神不夠貫徹等等而言，此與我國傳統的觀念與習性又有其重要關係。例如「為政之道以不擾為安，以不取為與，以不害為利，以行所無事為興廢除弊」的消極治道，和「為士為農有暇各勤爾業；或工或商，無事休進此門」的衙門習氣，以致一般人所抱持的「各人自掃門前雪」，「不問國事」的個人主義，影響及於公務人員所常見的，總有一小部份人抱持「得過且過，能推便推」，「多一事不如少一事」因循敷衍的態度，這種傳統的積習惡習無不是我們努力行政革新有年，若干缺失之所以依然存在的病根之源。如果本位主義、個人主義之外，再加上個私心忌才，或則是貪墨敗行，故不可能望其自動自發來努力行政革新，而失人誤事，成為革新中的蟊賊，又為必然之事。

第四、組織與方法的欠缺

據聯合國經社理事會研究各國公共行政所知，過去二十多年來，各國政府機關與企業組織，都紛紛建立且加速成長發展一種所謂「組織與方法」的單位。其名稱縱或各異，如有稱之為「管理分析」、「管理顧問」、「作業與方法」、「行政管理」單位等等，但皆以之協助各級主管人員不斷推動行政改革的工作為目的而設置者。就世界各國政府機關來說，該「組織與方法」單位有屬於預算單位者如美國、荷蘭、巴西；有屬於財政部者如英國、挪威、委內瑞拉；有屬於人事機關者如丹麥、

比利時；各不一致。然其作業範圍則大致相若，從行政革新的政策研擬以至日常事務工作的改進；從自身行政管理程序——例如工作目標分類設定，資源（人、財、物、時等等）運用計劃，組織協調與業務管制、員工激勵、決策、溝通等等——以至影響行政改革諸因素——例如國民的支持合作，立法功能的配合，各級主管與全體員工之努力貫徹，教育機構與社教團體的宣導活動，工商職業團體等等的意見溝通聯繫與交互影響，以及國際組織間（如聯合國公共行政司）的支援協助等等——皆在其業務職掌範圍以內，而予以糾合運用，以利行政革新的加速推動，圓滿貫徹。

我政府研考單位應屬此類組織，但如以之與上述「組織與方法」(O&M) 單位職掌相比擬，實是相去過遠。以至我政府在行政革新方面不僅缺少一全盤計劃方案，予以有方法有步驟地循序漸進，逐次推展；而最足影響便民利民的日常工作，更缺少專業人員如 O&M 單位的的管理顧問或研究員，時時刻刻在注意，在協助，積極而主動地研究改革，力求進步，斯又為行政改革之所以不能全程貫徹，圓滿竟其事功的根本要因之一。

三、建議意見

由於二十世紀有「科際整合運動」的興起，特別是近二十餘年來將「行為科學」應用到行政管理方面，而使政府的公共行政工作無論是在研究和實務方面都有實質上的變革。再如參照上述行政缺失成因的分析所得，言及如何改進我們的缺失，建立我們行政管理科學，以造成一個有能力有效率的大有為政府來為民服務，來實現國家目的，似宜從下列諸端著力：

第一、樹立我們的管理哲學

《企業的人性面》著者麥克理格 (Douglas McGregor) 曾說，由於管理上假設之不同而有不同的管理措施，亦即是理論 X 與理論 Y 的不同而有傳

統的管理與現代化的管理方法之分。雖然麥氏本人在其遺作《行為科學與管理》一書中，又闡釋理論 X 與理論 Y 並不是兩個極端，未來可能有介於兩者之間的管理理論，名之曰理論 A 或理論 O 或理論 S 皆無不可，但這一學說的詮釋，對於管理方面因假設之不同而產生各異的管理措施，這一理論並未變更。以及對「人」的重視，對「個人」在「組織」中之行為的重視，特別是個性差異與環境影響兩種「變數」對於管理上能發生相當的影響力，這一理則也未變更，而且是倍加重視。我們在管理方面，各機關首長各級主管對其所屬員工的看法是基於何種假設——理論 X 抑是理論 Y，或是理論 A 或 O；是否基於理論來策定其管理方法，又對人的看法是否一致或是否適合個別真實情境，負責行政革新的有關單位如研考會、人事局等，似宜為各級主管人員加以探討研究，設計成我們自己的管理理論或哲學，以為策訂各種管理方法與革新措施的依據，這乃是行政管理方面謀求實效大用的先決要因。

再則，蔣院長曾勉勵全體公務人員「要為工作而生活，不要為生活而工作」。依據行為科學者馬斯洛 (A.H. Maslow) 人類基本需要說，唯有以為工作而生活，才能使員工一一充分發揮其潛在能力，否則，為生活而工作的情境，員工潛能的發揮都是低於百分之五十以下。可見蔣院長所示極符「行為科學」管理的理論，但問題是如何創造一個使員工能為工作而生活的環境，則是負責執行行政革新單位必須盡其協助設計的職責。

第二、健全組織與方法的單位

各國的組織與方法單位隸屬雖不盡相同，但其自身組織可分為集權與分權兩種型態；其工作支援達至政府組織中各個階層；研究改進的業務範圍及於行政工作中諸般作業，皆為其共同特色。此可從下列四點見其一斑，即「組織與方法」單位——

（一）對於各級行政主管人員在日常執行任務之際，無暇顧及且問題較多之處，能夠提供適時適切之研究改進的協助工作。

（二）組織方法單位的管理顧問與研究人員不僅深入政府各機關各

部門，且能為全盤行政工作提供其所需的專門知識和管理技術。

（三）由於組織與方法單位研究顧問人員來自「部外」，故能以其客觀的立場進行精到而允當的研究分析。以及

（四）對於行政與業務人員在日常工作方面甚感繁難的問題，能以主動、進取而熱忱的精神，賡續不斷地協助其致力改革，力求進步。

關於 O&M 單位自身的組織分工，聯合國經社理事會依據研究各國 O&M 單位結果所得，訂成 O&M 單位組織體系表及中央單位 O&M 單位內部分工表各一種。前表所示，中央 O&M 單位係隸於如我國行政院秘書處之下，部會以下及其直屬單位均置於秘書單位，一直延伸至地方的政府機構，其特色是指揮管轄採「分權」制，而幕僚作業則透過秘書單位採「集權」制。雖然該組織構想係以內閣制為背景，內閣係受制於國會，此與我國除行政院長向立法院負責外，行政與立法兩院地位平等有所不同。然就 O&M 組織體系以言，甚符時代組織理論與實際。在 O&M 單位自身分工方面，採「程序」或「功能」分工方式區分其內部作業單位，如計劃單位、組織部門、自動化作業部門、文書處理制度部門、工作方法與標準部門（含獎勵與建議制度單位）、以及一般行政管理研究部門等等。可以說，將政府行政工作方面所必需研究發展的工作都概予明確地設立了專司其責的部門，來經常不斷地致力革新再革新，進步再進步的工作。

我國研究考位的組織與工作的性質，有學者認之為 O&M 單位。但是僅就前述組織體系與內部分工方面，兩者作一比較，雖然不能（且無必要）定其優劣，但我們研考單位——如認之為 O&M 單位，以之來推動行政革新工作，其須加以檢討改進求其健全之點尚多，例如行政院研考會地位因與秘書處平行成一獨立單位，研究發展方面行政革新實務的工作須提報院長決定，其在實際運用上是否相宜或有不便之處，似有檢討改進之必要；又如研考單位與人事、主計等有關行政單位，是否已因現行研考委員會已包括了這些機關的首長、副首長或副主官們，而能在工作上、業務上確可作到適切而具體的聯繫密切，配合無間，亦有再檢討加

強之必要，至少要消除重覆，或是「夾縫中的責任」使有攸歸，殆能符合「組織與方法」單位之工作精神與組織原則等等皆是。而特別需加研究改進者，至少尚有下述兩端：

（一）研展單位內部分工亟須檢討加強。我們的研考單位內部業務編組雖不必完全仿照前述聯合國所擬之編組方法，可是研展單位，除管制考核而外，研究發展方面僅採研究、發展、綜合等業務編組方式，似失之寵統。如果將行政方面各種實際需求的工作方法和設施應用方面需經常研究改進以力求進步的職掌，採取「職能」分工方式似較適宜。如此，事有攸歸，責無旁貸。俾能不斷提出改進方案，符合蔣院長所示：「行政革新永無止境」的要求。

（二）研究發展業務應以直接支援行政革新工作為其主要職掌。我國研展單位與其他各國 O&M 單位，最大差別之點在為我研展工作似著重於委託或合作的專業研究，研展單位人員只作些「承承轉轉」的文書幕僚業務，所有研究人員不以直接支援各單位改進工作方法為主要職責。至於鼓勵各機關人員「自行研究」亦只見諸文書規定，其在施行辦法及實際成效方面亟待研究加強之處至多，此與其他各國 O&M 單位研究人員或管理顧問以直接支援各級行政主管與工作人員解決行政上所遭遇之實際困難，提供力求進步的改革方案，而且特別著重於行政上千頭萬緒的日常工作之研究改進，大者如決策程序，小者如文書之收發傳遞與保管等等，皆引為研究發展的中心工作，皆以之為主要職責，兩者相較，實不能相提並論。至於研展單位在「尖端」研究方面，即選擇某些「重大問題」進行委託研究，縱或有所「表現」，其因委託研究而多所花費亦不予計及，而研究結果——假定學術理論與實際行政配合密切——但付諸實施以後，也不能收到四海「皆準」百世「不惑」的成效。他方面，學術機構也無法為行政機關事事進行研究。因此，欲求實效宏功，自必須加強研究單位研究人員直接支援各行政單位主管與工作人員協助其解決疑難問題為其主要職責——當然，欲使現行研展單位做到這一地步，自須先解決其編制員額，特別是人才等困難問題——只有在這方面多所

致力，才可望其真正盡其為行政革新而研究發展的功能。

第三、集體智慧的激發與運用

行政組織是推行政務的工具，也是一種觀念或謂思想。「領導」與「決策」的功能則為全體職員所共擔共享。而組織中的成員極大多數皆有貢獻智慧以解決組織內部問題的能力。所以現代管理對參與式的領導與激勵員工充分發揮潛在智能，多加以特別重視。即所謂作「有組織的努力」，亦如蔣院長所一再強調的「團隊精神」的高度發揮。所謂「有組織的努力」或「團隊精神」的貫徹，其最大意義是為集體智慧的激發與運用，此可分為兩方面而言：

（一）在決策程序方面——要在「參與方式」的運用。此如新聞輿論界建議建立的「聽證制度」，雖有「何人參與」、「是否會侵害到立法權」等等問題尚待研討，但應予採擇施行，以接納部外大眾人士的意見，這一原則是無疑問的。不僅如此，對於部外人士申訴請願的處理，部內人員意見溝通的加強，以及新聞各界輿論意見之研究分析，特別是如蔣院長一再指示各機關首長所應重視的立委們——當然也包含各級民意代表質詢的意見等等，均宜有專司其責的單位，透過管理情報系統，提供於機關首長，以為決策之參考依據。

（二）在行政實務改革方面——要在「建議制度」的建立。使做到「人人在研究，事事求發展」的地步，以為行政革新工作奠建極其可靠的成功保證。此因建議制度要在鼓勵全體員工來協助各級主管們，為省時、省錢，提高工作效率，實現組織目的，而提供具體可行的興革建議或意見。它也是一種獎勵優秀員工，擢拔真正人才的制度，而且更是增進人群關係，恢弘團隊精神的主要工具之一。這項制度不僅倡行於美國政府機關與工商企業界以歷三十餘年，且成效日漸顯著，他如西德、英國等民主自由國家，甚至共產國家如蘇俄亦不得不推行這項制度。真可謂禁得起考驗的極其良好的管理方式。以美國為例，在 1972 年，美國聯邦政府因員工建議而節省的公帑已超出二億美元。尼克森總統於該年十二月二十四日曾為此項成果，特別致函文官委員會，表示祝賀與嘉勉之

意。如果把最近十一年，從 1962 年到 1972 年美國聯邦政府因員工建議而所得利益或節省的公帑相加起來，總共有十五億九千二百七十三萬四千四百九十二元美金，可以說是十六億美金。這僅僅是美國聯邦政府，還不包括州和地方政府在內。十六億美金不是個小數目，我們一、二十年來全國同胞辛辛苦苦努力經濟發展的結果，所積存的外匯存底亦不過十六、七億美金，但如除去外債、外資，真正憑我們勞力智力所賺來的外匯存底，不過六、七億美金而已，可見十六億美金並不是個小數目。這都是因員工建議而得來的。這是可以用數字計算而得的利益，而無形價值更是無法估計。至於建議制度的內容及其設計與實施辦法，可參考筆者編著之《管理之鑰》，在此不必深入介紹。

第四、健全組織發揮功能

總統曾剴切指出：「組織是行政的張本，只有組織適切有力，然後行政工作才能期其有效。」這次蔣院長所坦陳的行政上五大缺失，可以說直接間接都與組織有關。如何健全組織以發揮其應有的功能，從學理上言，當以遵循「完整統一」、「管理經濟」、「事權確實」、「指揮靈變」以及「團隊意識」的五大原則。但以下述兩項論述或實證，對於我政府精簡機構以健全組織，尤其是組織編制員額彈性的保持，組織功能的發揮，甚具參考價值：

（一）美國名作家陶夫雷氏 (Alvia Toffler) 在其世界名著《未來的衝擊》(Future Shock) 一書中，論及時代組織趨勢，他說，由於急劇變動的情境，加以知識爆炸，和技術革新一日千里的壓力之下，傳統的官僚組織已無法適應，代之而起的將是一種適應極強變動極大的暫時性系統組織。亦即以臨時性的「任務編組」或「專案小組」(task force) 來解決所面臨的特殊問題；以「聯合作業」(associate) 來加強平行機關的協調合作成為最大的特色。

（二）美國 IBM 公司為介紹管理情報系統設計而論及行政與企業組織發展的過程。他們指出，從 1930 年到 1950 年有很多單位由於組織龐大而無法掌握，於是從集權制管理方式轉變為分權制管理方式。現在，由

於電子計算機以及各種管理科學的應用，又趨向集權制管理方式。可是這種集權方式與 1950 年以前的集權方式迥不相同，而是一種行政愈益集權、決策愈益分權的「整體管理系統的設計」。過去組織猶如金字塔形式的官僚制度；今後的組織則是中間層次銳減，一如 X 形式的以專家為本位的組織。它是一種透過情報管理系統，使各階層管理者皆能以「總經理的觀點」為依據，來下定決策，保證貫徹的制度。

依照上述組織原則與組織發展趨勢，又為了強化核心領導，發揮整體行政力量，在組織方面，除了管理情報系統與幕僚作業等方面亟宜設計與加強而外，並作兩項似應特加注意的建議如下：

其一：專業人才之運用——此因傳統的靜態組織已不足肆應急劇變遷之各觀情勢，而固定分工的組織又必須繼續遵循。故在決策機構似宜組織各類專家人才，備為臨時「任務編組」，來處理各項應變事宜，或支援某一單位參與重大計劃方案之設計。（據悉，目前國科會將計劃成立「諮議委員會」，確係此意，然筆者認為宜將之隸屬於行政院，由一二政務委員領導之，不僅更能發揮它的功能，也更具政治上號召力，為人才內流，四海來歸開闢了坦途。）

其二：聯合作業之倡導——美國政府各重要機關均設有「府際行政官」職位，職司上下與同等機關之間業務協調承辦涉及兩單位以上之作業計劃，工作甚具成效，我政府機關似宜參酌採行。至於不相隸屬之同等級機關直接處理公務之規程，以及公共關係之加強等等，亦宜深入研究設計，俾使機關內部協調無間，外部聯繫密切，恢弘了大團隊精神，組織的統合力量自必大大發揮出來。

　　四、結語

總統於「行政革新的要旨」訓示中指出：「行政是政治的基礎。」又說：「行政工作的優劣良窳，直接影響政治的成敗，間接關係國家的存亡。」即如蔣院長於十屆四中全會所作「政治報告」中說：「如再不

大覺大悟，自動自發的厲行全面革新，所有建設都是植基在沙灘之上，全不可恃。」這項要求而言有關改進行政缺失之各方建議意見，似宜責由肩負行政革新的單位深入檢討認真研究，引為當務之急才是。而在我們全體國民方面，也能竭誠支持政府的各項革新措施，人人守法，諸如不逃稅，不行賄，個個向上，諸如重義禮，尚節儉等等皆是。有了大有為的政府，再有如此健全的國民，這樣，其成就，其影響，豈僅止於政府的行政革新而政治革新者。

——原載於《自立晚報》

民國六十三 (1974) 年二月二十七、二十八日

八、「雇用傷殘」問題研討

一、

　　去年考選部舉辦司法官特考時，有中興大學法律系畢業生宋惠亮同學，以雙腿「殘廢致不能服務」的理由，被取消考試資格，當時曾引起司法界與社會方面不少的議論。本（五）月三日報載，殘廢青年陳國雄自修苦讀通過高等檢定考試，但因雙手殘缺，未能合於考試法第四條規定，通過體格檢查，致被拒參加高普考試，悲痛失望之際終於自殺。自殺前一週並致書立法院陳述考試法第四條規定，剝奪了殘而不廢者考試權，不僅「殘酷」，也與憲法第十六條、十八條及一百二十五條所規定不符，請求修改，俾公平合法而符合我國固有的「仁愛」美德。各界對於這一不幸事件無不為死者同申哀悼，而紛紛發表議論，各陳所見，其中有藉「哀陳國雄」而指責考試院「亂考一通」，趁此反對高普者；有指責考試院者；有認為考試院並無不當者。其實，今後如何才可避免如此不幸的事件再次發生，才是我們所應爭論、所應努力的問題重心。

二、

　　傷殘之人是否得應公職考試，就考試法第四條規定：「各種考試應考人於考試前應受體格檢查，不合格者，不得應考。」並規定：「體格檢查標準由考試院定之。」以觀之，體格檢查「標準」應採「差別待遇」的方式。事實上，考試院亦採有類此規定，如要求標準較一般為嚴格者有關務人員考試，河海航行人員考試；有要求標準較一般規定為低者例如對榮譽軍人體檢標準從寬便是。所以應考人應參加體檢並無不妥。他方面，殘而不廢之人亦可參加考試也為法所容許。陳國雄因體格不合而被拒參加於法並無不合，此因從事公職之人，「智能」合格僅為要件

66

之一，他如「體能」與「品德」亦同屬重要。但應檢討改進的則是陳員所欲參加之高普考，其類科學門至多，工作性質不盡一致，但體格檢查標準並未依個別特定要求訂定明確的「差別」標準。

不過，生理殘廢或心智低能者的工作權之所以被「剝奪」，其根本問題要在於機關用人對於上述不幸者尚未建立一種「優待」或寬允的制度。據宋惠亮同學於五月八日在中華日報發表「含淚的微笑」一文中，敘述她爭取參加司法官特考的經過，其中指出：「據悉去年數位情形與我相同的人，通過人事行政科考試，分發工作時，主管大打官腔。有關人員告訴我，最妥當的方法，是在體檢表上註明只想取得資格，不請求分發工作。」可見問題癥結所在。再就社會上一般用人風氣來看，似乎大專畢業成為尋求較佳工作的資格要件，求職者體格不僅要求健壯，如有口試面試，必然又評核其儀表風度，傷殘青年能接受大專教育實是鳳毛麟角，能受中上教育者為數也不多，在就業資格條件上已無法競爭，再有自身傷殘缺陷，不受歡迎，參加工作權也就「自自然然」予以「剝奪」。設陳國雄在社會上果能有其他較好的工作機會，想也不致由悲憤而絕望而自殺。現在全國傷殘之人究有若干，雖未有詳確數字以證，但為數不少，乃屬毋庸置疑的事實，如何照顧這些極需照顧的不幸者，實是社會問題之一。我國傷殘重建工作早已開展，目前因加入了國際傷殘重建協會而能取得較多經驗、知識與合作，但在傷殘就業輔導方面猶待政府與社會各方面共同努力以赴之處至多。

三、

次言，傷殘之人有無「工作權」，是否應有工作機會均等的權利，這是一項極其嚴肅的課題。想我 國父窮畢生之力，努力革命所欲實現的乃是大同之治。大同之治的社會最具體的寫照是為 國父誦之再三、銘之不忘的禮運大同篇。其中不獨要求做到「老有所終，壯有所用，幼有所長」，也要做到「矜寡孤獨廢疾者皆有所養」。這充分表現了我中

華民族固有的仁愛精神。蔣院長於立法院五十三會期中也曾勗勉公務人員多做些雪中送炭的事。幫助社會上需要幫助的人。為應社會青年需要而擬定「幫助殘廢青年恢復健康」的十大重要原則之一。所以在今天，「雇用傷殘」之人當是社會各行各業共應合作努力以成的道義和責任。就政府機關以言，已非是否應該雇用傷殘之人，而是如何做好這項工作，以為民間企業社團雇用傷殘之人的榜樣。

試觀美國為一素稱之為資本主義社會，但美國政府機關雇用傷殘之人卻特別重視，推行不遺餘力，且著有成效。此予傷殘者「幸福」的追求，社會公道的維護，仁愛精神的宏揚，以至國際人士對美國政府的觀感和讚譽皆有莫大的增益。

四、

言及美國政府機關「雇用傷殘」(hire the handicapped)，不僅早已建立有制度，且設有訓練傷殘員工的機構。尤者，甘迺迪政府時代，推行「工作機會均等」，特別重視「雇用傷殘」而成立「總統的雇用傷殘委員會」，此名稱中原有「生理上」(physically) 一字，甘迺迪總統特將之刪去。自後，精神病患治癒者與低能者也就列為輔導雇用的對象。

據美國聯邦政府文官委員會 (U.S. Civil Service Commission) 統計報導，自第二次大戰以後，聯邦政府各機關雇用傷殘之人已逾二十五萬人。自1970 年前五年，每年平均雇用人數已超過一萬二兩三百五十人以上（見Federal News Clip Sheet No.98, November 1970, Washington D.C.）。

我國在起用「青年才俊」之際，也同時積極建立「雇用傷殘」人員的制度，其對內國家社會安和福祉的增進，對外國際組織仁愛政治的宣導，皆有極大的利益。茲將美國政府如何雇用傷殘的辦法，撮述其要，以供我政府參考採行：

（一）基本信念：

1. 殘而不廢之人皆為國家人力資源，尤其彼等具有某方面知識與技

能，如果棄而不用，於個人是屬不幸，於國家社會則是為損失。

2. 生理上或心理上殘疾之人，如于適當訓練，任使得宜，不僅皆有工作能力，而且工作績效可能較正常健全之人擔任更為穩定適宜。如傷殘之人一旦適應所擔任之工作，皆能專心一致，堅守工作，勤奮愉快，忠實可靠。

（二）目標政策：

1. 予傷殘之人一律平等之工作機會，且予優先錄用之權益。如賦予傷殘退伍軍人優先甄選之權利。

2. 傷殘之人可以申請擔任公職，並予某些較正常健全之人為優待之條件。但被任用之傷殘人員須證實其工作時對自己、對他人皆無妨害，無安全上之顧慮，並能勝任所擔任之工作者為限。

（三）雇用對象：

1. 生理上殘疾之人，如盲者、聾者、小兒麻痺者。

2. 精神病患治癒者。

3. 低能者。

4. 傷殘退伍之榮譽軍人。

5. 貧困而遲鈍的不幸的青年。

（四）主管機關，其要者有：

1. 總統的雇用傷殘委員會。

2. 聯邦文官委員會暨各地區文官委員會。

3. 各州地方政府職業重建辦公室。

4. 聯邦政府各機關派充之殘疾工作者輔導員。

5. 退伍軍人協會。

（五）申請程序：

1. 申請者教育與經歷應合乎所申請之職務相配合，其體能需適於所擔任之工作。因此，一般申請者首須取得醫師體檢合格證書，如精神病患者必須由合格醫師證明其已經治癒為合格；以及向職業重建會取得所需資格能力證明。退伍軍人則諮請退伍軍人協會辦理上項手續。

2. 向文官委員會或所屬當地聯邦工作新聞資料中心索取有關說明資料填交申請書。

3. 申請者之資格經審查合格後，即列冊送擬任用機關甄選，並協助其參加考試。

（六）考試方式：依傷殘類別，分別採取適當之考試方法，例如：

1. 盲者：指定讀者讀試卷問題，由盲者口頭作答，此以個別應試方式行之。

2. 聾者：由應試者帶翻譯一人前來為其說明試題，測驗其毋須口頭（有聲者）指示即能做好擬任職務的工作。

3. 精神病患治癒者：採試用七百小時方式證實其確能擔任所擬任職務。

4. 低能者：以取得州政府職業重建辦公室發給之可擔任所指定工作之證明，而免試任用。

5. 傷殘退伍軍人

a. 參加公開競爭之考試可加總分五至十分。

b. 為其單獨舉行考試。

c. 越戰歸來者如所受教育期間總數未超過十四年者，可免試參加正式考試，而以參加適當之教育訓練及格後任用之。

（七）任用程序：

1. 依文職人員正常任用程序予以任命。或——

2. 由指定之任用機關逕予七百小時臨時職位，經考驗確能勝任所擬任之工作後，則予以正式任用。

3. 對貧苦與遲鈍的不幸青年採取兩種方式：

a. 暑期支援工作：自 1968 年以後，美國聯邦政府每年暑期雇用逾有七萬人之眾，現在雇用該等不幸青年總數平均佔正式任用人員四十分之一。所擔任之工作有以「臨時指派的工作」為之者。

b. 兼職工讀辦法：不幸青年申請參加此項辦法後，開學期間每週工作十六小時，假期每週則工作四十小時。但工作時間以不影響其學業為

原則。

4. 傷殘退伍軍人可依軍中資歷比敘轉任。

（八）工作種類：傷殘人員所能擔任之公職有其限制，總以能依各別「體能」所能擔任之工作為限。經多年事實的驗證，傷殘之人確可勝任若干工作。例如：

1. 盲者，可運用他們在管理的、技術的以及專業性方面的才智，賦予適當的職位。

2. 聾者，可從事工程、人事、電子資料處理、律師事務、寫作、研究、文書以及其他多種「藍領」階層的技術與半技術的工作。

3. 精神病患治癒者，除基於「安全」理由，不可從事重要之職務，例如海外工作，或責任重大事務而外，該等任職範圍概與正常人視同，無他限制。

4. 低能者，如能給予良好的訓練，適當的安置，一旦能熟練所擔任之工作，彼等將終身不渝且安心愉快地從事該項工作，且成績與常人有過之而無不及。據美國文官委員會經多年試驗求證所得，彼等從事下列諸般工作最具成效——文書、工役、打字、洗衣、傳達、郵件搬運、實驗室助手、看守倉庫、圖書館助理員、打卡員、工程助手、門房、辦公室機器操作、炊事、物理實驗助手、醫療技術士、售貨員、物卷收發、幻燈機操作員、油漆工人、動物管理員、補給品管理員、清潔工作、裝訂工人、建築工人、印刷品收發等等。

（九）服務事項：

1. 聯邦政府文官委員會為貫徹「雇用傷殘」政策，印發有多種說明手冊資料，廣為宣導。甚至公用信封上亦印有「雇用傷殘」字樣，郵寄達至國內外。

2. 有關傷殘之人如何申請工作，除印有詳細說明資料可隨時取用，並設有專責機構，除文官委員會分佈全國之單位而外，各州尚設有職業重建辦公室，以解答與協助傷殘求職者。

3. 在生活輔導與工作協助方面，美國全面各機關為協助傷殘工作人

員，指派有「輔導員」總數在四萬人以上。

4. 對於每一盲人規定指派一助讀者協助其工作。

（十）成效獎勵：

1. 自 1968 年後，美國文官委員會訂定「十大傑出傷殘工作人員」甄選獎勵辦法，每年通函全國各機關推薦績優傷殘工作人員，由十四人組成委員會審查後，選出該年度全國「十大傑出傷殘工作人員」，隆重頒授勳獎（第一次主持頒獎典禮者為前美國副總統安格紐），以資激勵。

2. 據美國文官委員會於 1970 年抽樣調查三百九十七位傷殘工作者之研究結果所得，他們不僅未發現從事所任工作有何困難或發生不尋常問題，且工作成績較之常人並無遜色。三百九十七人中有一百四十一人獲得一次以上晉升，二百三十一人希望擔負較多的責任。

五、

我政府機關如何建立類似美國的「雇用傷殘」的制度，似宜本諸我國固有的仁愛精神，民生主義社會政策，以及蔣院長的訓示，參考上述例證，責成有關機關從速研究辦理。尤其是主持考政的機關，對於各類考試當應作一通盤檢討，針對每一科類的工作特性，訂定不同的體檢標準，設有某些職位工作能予傷殘人員擔任者，似宜允准其參加應試，俾用人機關與應試人皆有所準據。或則協調用人機關決定某些職位若干名額優先雇用傷殘之人，而為此類人員定期舉行「特考」，合格後分發工作，更為妥當。他方面，社會上各行各業之用人，或為響應政府號召，或本諸親政而仁民的愛心，也多多雇用傷殘之人。此種作為乃為傷殘之人最大福祉，亦為國家仁政社會道義的具體表現。此項制度一旦建立，想類似陳國雄不幸事件絕不致再次發生，在我國人力資源發展與運用方面，也可能獲有更輝煌的豐碩成果。際茲已我們「仁政」對抗「暴政」的今天，我們積極建立起「雇用傷殘」制度，其意義之重大，影響之深遠，則又不復贅言矣。

——原載於《自立晚報》

民國六十三 (1974) 年五月三十、三十一日

九、人力開發應循的途徑

一

　　加強人力開發以支援九項建設，已成為當前經濟建設方面極其重要的課題之一。據行政院秘書處於四月二十五日向院會簡報統計，政府推動九項建設，自六十三年至六十七年五月間共需補充各類技術人力五萬四千六百九十七人。繼於本（六）月二日新聞局表示，政府為推動各項重要建設計劃，在上述五年內共需補充技術人力六萬三千五百餘人。未及兩月即增加了近兩萬人。雖然後者包括農業建設與電力電信的建設，但技術人力的需要，隨著我國經濟建設的推動在日益增加之中，乃屬事實。如果再擴大範圍就社會上所需技術或半技術工人言，每年約為八萬餘人，則人力之缺乏更見其嚴重。可是，他方面在社會上又存在有「失業偏高」和「人浮於事」的現象。據教育部在昨日公佈的中上學校畢業生就業調查報告統計，專科以上畢業學生半數以上均赴國外留學，高中高職以下畢業生未就業者，去向不明者，為數有一、二十萬人是在「飽食終日，無所事事」。從這些情形來看我國人才培育、人力發展、以至人力供求調節方面皆有若干亟待改進之處。

二

　　技術人力並非特別是高級人才所以外流而發生嚴重短缺現象，除了待遇問題而外，論者都歸咎於「升學主義」為最大病根，讀書只為了求得更高學歷、學位而不計及其他。例如國中畢業生都競相升學，不升學的也無一技之長，無法補充每年亟需的七、八萬技術與半技術的工作。他方面，初級技術人員如技工在社會上沒有地位，工作前途又不具發展性，使受過較為完整教育的青年又望而卻步。如此惡性循環，更助長了

升學風氣。在政府方面還有教育與考用不能「配合」的「問題」，擢拔人才又增添一份困難。

　　目前，政府推動各項重要建設亟需人才，已由各有關部門研訂「十項建議」，以應迫切需要，如果一一貫徹，順利實施，則所需人才當可得以補充。然而，社會上全盤人力供求失調現象是否能就此大有改善，不無疑問。

　　此因，人力總供需所以失調，「結構性失業」所以偏高，如作深入分析，當知其根本問題似在於沒有建立起一種終身教育的進修升遷的觀念與制度，把育才與用才脈絡一貫地聯繫起來。現在工商界缺少技術人才或爭奪人才多用「挖角」方式；政府機關缺少人才每每設法「修正」考試任用規章來遷就人事，可說，皆是由此形成的。因為人才如不予以經常培育，繼續進修，一旦需求人才，皆寄望於引進新的人才，其在任用、待遇、工作經驗諸方面徒增困擾不談，且引進之人才，三年五年後因時代與科技之進步，其原屬人才者，又成為非人才，也可能日久成為機關的冗員。此所以有若干願意回國服務的人才，因見及國內設施與研究環境不能使其日新又新地學以致用，而打消原意，或回國了而「來來去去」不作久留之計者，與此不無有關。

　　很明顯的，沒有藉教育訓練以升遷的制度，高級人才與專業人才則是永遠缺乏。更可以說，沒有終身教育訓練升遷的制度，人才供求固屬必然失調，其現有員工素質也無顯著提高之望。而各級人才或人力，沒有能力或缺少機會從低級職業升遷或轉換至更高一層職業，其對國家進步、經濟發展、福祉增進，也勢必因之格於一局。因此，今後人力發展似宜循下列四種原則或努力途徑或可更有成效。

　　　　三

　　首為職業教育與職業訓練互為補充。在發展職業教育與加強職業訓練一片要求呼聲中，學校職業教育與工商職業訓練無不悉力以赴。但因

職業教育與職業訓練之間存有「門戶之見」而「各自為政」，結果在調節人力供需、發展人力方面諸般問題未能順利消除。

其較明顯的問題是所謂「基本觀念」，即職業訓練與職業教育兩者有別，認為後者是長期的養成教育，以學校學生為對象；前者則為短期的職前適應教育，以後就業人力資源為教育對象。於是在職業教育方面無論數量與質量之發展均不遺餘力；他方因職訓基金支收繳盈億，經費充裕，各種職訓中心、訓練協會紛紛成立，長期訓練、短期講習處處創辦。但結果是職業學校畢業學生只懂理論，不諳技術；職訓結果徒生只知操作機械，不懂理論，難望「大成」。因此，職業教育依然走上升學途徑；職業訓練也只限於為工商企業提供初級的、廉價的半技術勞工。對於提高人力素質而技術創新以求經濟長遠發展，更上層樓，均是助益無多。而且兩者自身亦各有問題，在職業教育方面商工各科發展不合實需；職業訓練有無人報名參加者。

因此，欲求建教合作臻至理想地步，當宜使職業教育與職業訓練互為補充，打成一片。不僅學校與工廠相互結合，而且在學歷與技術兩方面必須彼此承認。職業學校學生須至工廠或職訓中心學習實用技能；參加職訓徒生須至程度相當職校修讀一定課程。職校畢業學生須參加技能檢定考試，畢業同時即取得就業資格；職訓結業生如修畢學校課程考試及格亦可取得學歷證書。其短期講習無適當學資可予比擬取得者，可發給「課目」及格證明書，計其「訓練期間」，以為他日受進一步訓練時疊計其「學年」，以參加學歷檢定考試或入學補修相當時日課程而取得相當學歷。職業教育學生增強了技能訓練，職業訓練徒生修讀一定理論知識，從初級半技術工人即國小程度，以至相當高職之技工均能彼此結合，互為補充，則技術人力供求必可因此調節；職業教育與職業訓練正如涇渭合流共為經濟發展與國家進步，發揮無比的推進的動力。

四

其次，在高級人才方面則是人才引進與學校教育主動配合。此可從兩方面著手：一為教育與任用之配合，再為人才儲備登記以備徵召。

言及教育與任用之配合，其最適切之辦法，是將現行職位分類制與原有之品位制融合成為一新的人事制度以擷取兩者之長而消除其缺失。此要在於劃分政府員工職位為四大體系：即一般行政管理職系、理工農醫等科技職系、文書打字雇員職系以及技士技工職系。其主要精神是將行政與科技人員分成兩種管道，一般行政管理職系人員採品位制精神，非經全國性如高普考試及格不得任用，且從基層職位歷練升遷，以培養成優秀之管理領導人才。其升遷有保障，但待遇則依國家財力、社會一般薪資水準訂定。而理工科技人員則採嚴格職位分類制精神，但可以特考與檢覈，或不採筆試而以口試或實地測驗方式錄用，並界於中高級以上職位初任之，待遇可偏高；以適應某方面特需之人才予以順利引進，然升遷則可能不如前者可計劃升任至高階層主官職位。目前計劃擬以技術人員聘派任用條例來羅致九項建設所需之人才，實與本建議精神相一致，但如趁此時機整理有關法規使成一單一的新制度，則一勞永逸，其在人事運用上必可收到執簡馭繁和任使得宜的功效。

人才羅致循公告考試方式乃是正當途徑。然人才絕不致在「賦閒」中等待政府錄用。而所謂調整科系，統計供需，常因未來情境變遷，人地不宜，以至結構性失業的諸般影響，各種預測與實際情形總是不盡相符。所以，欲求引進所想望之人才就必須於平日對國內外現有之各種高級專業技術人才定期多方調查，經常聯繫，建立儲備登記候用制度。甚至適時適地邀請其來政府機關參觀訪問、座談研究、講習討論等等，如此，政府自可建立起無形的人才銀行，可隨時遴選徵召；也可因對政府的了解而增強了才俊之士報效國家的向心力。

五

再為，公費獎學與公職進修結合為一。當前政府方面之人才不易羅

致，困難問題之一，是為民營企業機構待遇較之政府機關多屬偏高，此為不爭之事實。富強如美國亦有如此現象，但美國聯邦政府常以在政府機關服務可享有各種「額外福利待遇」(fringe benefits)，諸如醫療保險、休假旅遊、特別是完備的教育訓練進修制度等等，來吸引人才加入政府工作。所以企業界有時不得不前往各大學，以畢業後到該企業服務為條件，擇優贈予在校學生相當獎學金，以與政府爭人才。我政府公務人員亦有相當之「額外福利待遇」，雖不能與美國比擬，但我公務人員生活安定堪可稱道。然在教育訓練制度方面，除國防部軍事學校階段教育訓練制度而外，一般公務人員之終身教育在職訓練，尚缺一完整制度，諸般努力必須假以時日。但目前教育部公費留學生考試似以服行公職之青年才俊報考為宜。此因以公費來培植之人才，以服行公職之人為主要對象這一原則絕對正確。而且，服行公職之現職青年，有家有室，有工作經驗，更有安定工作，且經過考核甄選，出國進修，則當前公費留學生一去不返的現象必不致發生。政府如為公務人員建立一種由國內進修而出國深造的有體系而完整的教育訓練制度，則優秀才俊之士，特別是家境清寒的優秀才俊之士必然爭相投入政府工作行列，吸收人才與獎掖才俊自是一舉兩得。

另據報導，台灣省政府設置大專生獎學金，凡是肄業國內各公私立大專院校二、三、四年學生，學科成績在總平均八十分以上、操行體育成績在乙等以上者，均可提出申請。此一獎學金領受人畢業後，由省府就其所學科系及在校成績分派工作，如尚未取得任用資格，則以約聘方式聘用。其服務時間至少應與所領獎學金之時間相同，考取國內研究所或出國留學者，得延至畢業後再行服務。如未履行服務，或服務年限未達規定時間，則應繳賠已領受之全部獎學金。此項獎學金制度甚值大加推廣。對此類獎學金生如再予有計劃的甄選、聯繫與輔導，則公務人員當可不斷增加新血才俊。人才有無匱乏之虞。再如，對在職人員亦參考美國文官制度，擬訂獎助辦法，鼓勵與保送員工入大專院校及研究院進修，則完整之公務人員教育進修制度因以建立，而學術理論與行政經驗

也可由此相互參證可臻至結合境界。

六

　　至於全國工商企業以至政府機關在調節人才（力）總供求方面所應通力合作以赴的，則是建立與學校教育全程一貫的學徒制度。建立學徒制度，不僅可培養所需人才，對於當前青年失學就業的重大問題也可因以正本清源的加以解決。但這一學徒制度絕不是以廉價勞工的方式，使工商界藉此雇用未成年的童工，而是有如西德、美、英之學徒制度，是教育訓練各級技術人才的制度，使國小、國中、以至高中程度的社會青年與退除役軍人，皆可分別接受不同等級的學徒訓練。接受職訓之技術生，其技術操作在廠隨師歷練，學識理論則送相關學校修讀，學校考試合格，技術檢定合格，則畢業文憑與就業資格同時取得。此種學徒制度如普遍建立於工商企業生產機構以及政府事業單位，則每年大專聯考落第青年自有最正當之出路，升學風氣可以戢止。再如大學研究所能為工商企業界之實際需要，開設職業性深造教育的課程，授予相當較高級學位的文憑 (diploma)，則教育部蔣院長所倡議建立的職業技術教育一貫體系的教育制度可由此而真正實現。據悉，政府有關機關已分別研訂規章辦法，深願早日見諸事功。

七

　　教育訓練是屬投資抑為浪費，端視人力發展是否與經濟發展國家需要相結合一致而定。上述建議四種努力途徑其立論皆是著眼於此。他方面，據內政部統計，我國按行業分類，在全國各行各業中應有三百三十五類行業技工必須接受職業訓練。又據統計，六十一年全國辦理職訓者有兩千四百四十四個單位，舉辦有兩萬九千四百二十七個班次，受訓人數高達九十六萬兩千六百六十二人。現在因九項建設需才至切，各種職

業訓練又將見加強。對於這種情形，某立法委員曾經表示，職業訓練不必一窩蜂的舉辦，必須針對實際需要，採取有計劃的作法，庶使供需配合。同時強調，互相爭權似的辦訓練是一大忌諱，因為就目前師資與設備來說，是不夠的，那麼競訓的結果顯而易見的就是粗製濫造，此說甚中時弊。

再則，在政府機關方面與職業訓練就業輔導業務有關的機構，有青輔會、內政部、教育部、經濟部、台灣省政府、台北市政府等等至少二十個以上單位。就其個別職司以言，各有專責，但從全盤計劃、整體發展來看，其間是否能配合密切，運用得宜，必有可檢討之處。因此，如何本諸「事權集中原則」，來謀求改進，當屬重要課題。例如由有關機關合組成一個有如美國聯邦職訓委員會的組織；或加強某一部會權責；或本「職能」分工——如教育訓練職能，所有職業訓練之課程設計，督導檢查概劃歸教育部掌管；訓練設施登記職能，所有全國公私職訓班隊設立標準概由內政部規定備案等等皆是——使權責分明，業務簡化。如此，消極方面可以避免重覆，減少浪費。積極方面，可收到統籌策劃，事半功倍的效果。類此問題，皆似宜一併研議採行者。

——原載於《中國經濟評論》第四十期
民國六十三 (1974) 年六月二十四日

十、九項建設與自強經濟

一

　　九項建設的完成乃是我們建立自立自強的經濟體系，能在經濟穩定的基礎上求得發展的成功保證。然而，持經濟穩定論者依據「總供需定律」，認為需求超過總供給，必有害於通貨膨脹加劇，也有害於經濟穩定成長。因此主張抑制擴張性的投資，不宜提高經濟成長率。以至大刀闊斧削減政府預算和節約開支。僅以九項建設所需資金一千九百零四億兩千九百萬元而言，如此龐大資金流入市場，可能引起物價波動，再因巨量人力物力投入，也可能影響及其他方面的正常發展，適與政府大力穩定經濟的措施相背。可是，不積極進行重要建設，不及時發展經濟，以爭取外匯，以提高國民所得，則經濟穩定亦將失去保障。何況所謂總供需是可以創造的，諸如擴大資本形成，增加就業機會，輸入物資，引進技術，使經濟結構更上層樓等等方式皆是。問題在於如何將現有及可能取得之資源作最有效最有價值之利用，又如何將多方需求作最適切之配合以共謀發展。

二

　　目前九項建設所面臨的問題一為資金的籌措，次為人才的引用，以及物資的來源。在資金籌措方面，蔣院長在立法院五十三會期中答覆立委質詢已強調了兩項原則，一為不影響通貨的正常發行，二為不影響經濟的穩定發展。如何符合這兩項原則，各方建議至多，但不外從開源與節流雙方面著手。以開源來說，要在整頓稅收以充裕財源，借貸外債與吸收外資，發行公債或出售國有財產，運用民間儲蓄與公營事業收入，以及鼓勵私人投資甚至捐獻等等。節流方面在於加強民間消費節約，特

別是奢侈性消費，節約政府開支，避免不必要的擴張，使國家有限的財力、物力都能集中投向於這九項建設。不過，務須重視研究者似為下列諸端：

其一，不可寄望於動用有限之外匯存底。

其二，可以借貸外債，但須本諸「平等互惠」、「操之在我」的原則。更須考慮及舉貸外債的最大缺失即是「利息」的給付。如果負債過高，未來不勝負荷。如果國民所得的增加率不能超過應付外債利率，則後果堪慮。以下年度所籌經費四百餘億以言，竟有三百八十億以上係舉債者，今後四年如果皆以舉貸外債為主，自然成為及時多方考慮的重大問題也。

其三，吸引外資是必然之事，也是加速資本形成的可取方式之一，但如不加選擇，或予過多的獎勵，則吸引外資過多對於經濟發展並不完全有利。

其四，即使屬援助性的外資，因常需有國內配合款的支出，即所謂local cost 的問題，也可能增加國內貨幣的供給與流通，有促成通貨膨脹之虞。

從上述分析，籌措九項建設財源自以動員內資投向建設其副作用較少。諸如外貿、公賣與公營事業收入、公債、稅收的支應、民間儲蓄、投資以及活躍於市場的游資皆是。而在籌集公債與鼓勵儲蓄方面如能激發起國人踴躍從事，於資本形成於收縮通貨均有其助益。

三

九項建設在人才引用方面亦如蔣院長所說，較之資金籌措的困難程度有過之而無不及。現在政府對各項重大建設五年內所急需的六萬三千五百餘技術人才，分別檢討作成十項建議，訂定引用與訓練的計劃，如能順利實施，咸信可以順利解決人才缺失的問題。然一般論者仍多指望於應屆大專畢業生參與建設行列。主張「以工代役」，以檢覈代考試種

種方式來促成之。「以工代役」因涉及役政公平的維護，蔣院長已說明不作考慮。以檢覈代考試則正修改技術人員任用條例以適應之。不過，此為權宜之計抑是長遠之方似應有所考慮者。

如果今後技術人員一概循此途徑引進認用，當無問題。此因法律與制度是為人為事而設，只要有利於國家建設事功的制度就是好制度。但如僅為權宜之計，只應用於九項建設或則當前其他重要建設人員，則不相宜。此外仍有待遇問題以及與之有關的未來出路問題。抗戰期間「十萬青年十萬軍」，他們投身軍旅確係不計「待遇」不計「職位」，今天大專學生掀起參加九項建設的高潮是否亦不計「待遇」不計「職位」，如果計較這些，政府是否能作到「公允」而令其「滿意」。如果真不計較，以現代社會情勢來看，政府自不能以任何「契約」方式「限制」彼等服務期限。不予限制，則從事九項建設的技術人員其流通率勢必偏高而影響及工作的正常性。據悉，關於技術人員的待遇，擬以專技津貼、績效獎金、趕工獎金等方式以提高其待遇。此種以變相方式增加待遇之法，或可吸收得人才。但也可能衍生另外兩個問題。一為參加其他建設的技術人員沒有如此「待遇」，是否會引起「同工不同酬」的問題。再則，九項建設完成以後，對於獻身建設的青年仍予繼續任用，轉投入另一建設行列，則此種「津貼」「獎金」是否仍予維持，如繼續保持，則成為正式的待遇，此與積極實施單一俸給制背道而馳。不予保留，恐怕這類人才勢必又要外流了，斯皆為人力運用與發展所宜考慮的重大問題之一。

四

至於九項建設的物資來源問題，此與健全組織發展外貿有關。據海關的統計，去年貿易總值為八十二億六千三百多萬美元，今年估計將增至一百二十億美元。現在國內貿易商竟有四千八百九十七家之多，可見拓展貿易的重要性。他方面，由於當前能源危機短絀，工業原料不僅價

格日升且來之不易。且我對外貿易仍以美日為主，美國因經濟衰退，我輸美貨品勢必減少，而日本因石油危機，工業原料輸出亦必大幅削減。因此，有健全的外貿，對於爭取資源推動國內工業化、努力經濟建設、提高國民生活水準皆有直接的助力。但許多年來，我們苦於缺乏具國際信譽的大規模貿易商社，於是不得不依賴別國的大貿易商，透過他們從事外貿與進貨。據統計，我國三分之一貿易操在日本商社之手，久而久之，我們的貿易主動權，無形中為外商所操縱、控制、予取予求，造成賓主倒置的局面，這是我們外貿最弱的一環。前幾年成立第一家綜合性的大貿易商世界通用公司，已獲有相當的績效，目前工商界擬再成立一大貿易公司，蔣院長在立法院答覆質詢時已表示政府決全力推動建立。事實上，經濟部已擬訂了大貿易商組織辦法將予付諸實施。確是明智而適切的決定。然而，部份企業人士所擔心的在籌備的大型貿易公司成立後，將無業務可做，無利潤可賺，因而抱有猶豫的心理，甚至因此寄望政府特准予以其他貿易公司所享受不到的優待與獎勵。新擬辦法是否能如所望，而特權是否能給予，自宜從長考慮者。筆者總認為，保護或保障太多也必失去過多的自由競爭的能力。因此，為因應全力拓展外貿之需，似宜先從擴大公營貿易機構的業務著手，此可以中信局為中心，將各公營企業單位外貿業務密切聯繫起來，並以募股方式吸收民資，鼓勵民營企業參加，籌組一「持股公司」，以充實其資金與人才來增強我們外貿競爭的能量。同時在有邦交國家以我使領館經濟參事與商務專員為指揮協調的機關；在無邦交地區以我與當地人士所設的民間社團為聯絡推廣的中心點站。從而強化世界華商會議組織與活動，結合各地僑商，擇其有發展能力者，約為代理商，給予相當優待與輔導，使其共為拓展外銷，爭取資源而合作努力。如此，不僅較之在國內成立一、二大貿易商有力量、有實效，我全球貿易網與點站真正可望以建立，無論拓展外銷或爭取九項建設暨各方面所需資源皆可收大功宏效。甚至以之與中共展開經濟貿易戰，推展總體外交也增添足可憑藉的力量。

五

　　經濟發展成功的秘訣之一是為維持各部門之間的均衡發展。我國過去所採均衡發展政策相當成功，但因工業化的加速尚且發生農業發展有所緩慢的現象，而致今天須以各種措施來大幅提高農業的成長率。今以全盤經濟資源分配以言，當前九項建設（如合核能電廠則為十大建設）已成為今後五年經濟建設的中心，從所需的人力、物力、財力來看，似乎趨向不均衡發展途徑，有人擔心因此會影響到其他部門的正常發展。其實所謂均衡發展的含義，毫無疑問的是，並非一切均是百分之幾的平均分配，而在於彼此適度的配合，不有所偏愛之謂。因此，進行九項建設（或十大建設）務求兼籌並顧及經濟的整體發展，在經濟結構方面真正做到「脫胎換骨」，如使我們生產結構由淺盤式工業均衡發展成為以石油化、或造船、或鋼鐵重化工業，高級或精密工業為重心，亦即有計劃地結合與轉換國內大中小企業各使成為一相關的生產體系。如此，九項建設的成功必能帶動全面性的發展，突破艱困躍入於開發國家行列。如果九項建設僅作一孤立的單方面的事件來努力，其結果最多在公共設施方面有所增益，在工業化過程中只多了幾種工業而已。再如過於集中注意力而使其他必要的建設與發展有所偏廢或緩慢，未來就可能因此而遭遇更多瓶頸，面臨更為艱困的問題。是不可不慎者。

六

　　並世經濟發展的最大目的在為創造社會的福祉。社會主義經濟與自由主義經濟在這一目的要求實現之下，相互激盪，而形成有今日的計劃經濟，分別走上公私合營的「混合經濟」型態。我們民生主義經濟政策是以「均富」為目的，並以節制私人資本，發達國家資本為主要方法，更具計劃經濟型態。但也維護自由經濟制度，對於民營企業的發達亦予以相當的鼓勵與協助，過去二十多年來，我台灣地區經濟發展成功，有

政府鼓勵與輔導民營企業的成長發展不失為主因之一。但問題是在所謂「混合經濟」制度下，其經濟自由的程度與範圍則時有爭論，我們常見及的爭論是，民營企業為何不能投資於重化工業、高級工業，民營企業為何不可以經營某某企業。爭論如何調和，實又為當前重要課題之一，因此，似宜從下列兩端著手：

其一，公營企業更應善盡經濟發展中所應扮演的職能。在這次物價風暴中我國（公）營企（事）業單位在去年貫徹蔣院長「公營事業絕不漲價」的指示，確已樹立了足可傲視任何國家公營事業的榜樣。今後我國營事業在經濟發展過程中作好「加速推動者」(pace-maker) 並以之為生產中心各各發展其相關企業，多角經營，統合營運，必能發展更大的開拓、前導和輔助的力量，作為民營事業的標準尺度，能為國民爭求更多福祉。

其二，鼓勵企業家善盡其社會責任，此當從教育宣傳方面繼續下功夫，並從法制上著手，多訂立一些獎勵創辦公益事業的法令規章，也訂定有如美國反托拉斯法案以防止私人資本過度集中，至少不宜再有「錦上添花」的獎勵。此外，並以積極而有效的手段來鼓勵與要求業者走上「資本大眾化」道路，打破「家族公司」型態，則為爭私利而惡性競爭的種種病態方可望其消除，在管理與技術方面也可望其有較滿意的進步與成就，而有助於我國經濟加速發展。

七

本月六日行政院院會通過「當前財、經、金融政策說明」，其中指出「政府決定以不影響財政、經濟基礎為條件，將積極推動各項建設，建立自立自強的經濟體系，來緩和基本設施與資源不足所加的限制」，並呼籲「希望大家與政府合作，共同克服今後可能遭遇的許多困難，邁向繁榮發展之路」。這實在是該「政策說明」的中心主旨，也是我全國上下各界必須響應的行動。眾所週知的，在三十年代世界經濟陷於不景

氣時期，美國總統羅斯福實施「新政」結果，雖未徹底解決經濟上的艱困問題，例如失業人數尚有七百五十萬之眾，但在民主制度下採國家干涉主義，政府在金融與公共福利方面盡到了最佳的職能，並組織勞工，發展人力，也使其在整個國家建設中成為最重要的力量。而舉國上下表現的通力合作精神，高度效率的行政工作，確為美國人民帶來無比的奮鬥信心，也為世人樹立了足可範式的榜樣。今天，世界經濟衰退在望，特別是發展中國家，正如聯合國經濟學家警告說：「本來已在不穩定的處境中，將可能難以立足。」我國處於如此情境下，論及蔣院長所宣佈的九項建設當然不必與美國的「新政」相比擬，但我們進行九項建設過程中，如果也能表現出猶如當初美國貫徹「新政」的精神與行動，則九項建設的完成，建立了自立自強的經濟體系，不僅從穩定經濟而發展經濟，作到「脫胎換骨」，邁入開發國家的行列，也可從物質建設而精神建設，真正「變化氣質」，具備了開發國家的條件，其在民族文化奮鬥進步史上將必寫下最輝煌燦爛的一頁。

——原載於《自立晚報》

民國六十三 (1974) 年六月二十四、二十五、二十六、二十七日

十一、加強／結合海外學人之我見

一

近兩年來暑假期間，海外學人專家以至留學生多應邀紛紛回國參加各種討論座談集會，為國家建設工作提供興革意見，今年活動較之以往尤為生動。其為各方所矚目者要如七月八日「工程技術討論會」，由旅美六十餘位專家學者及美籍專家就電子、能源供應、運輸工程、工程教育、水資源、房屋建築、石油化工、機械加工及造船工程等九項舉行為期三週的分組討論。另為由中央研究院劉大中等六位海外學人院士所發起的「當前台灣經濟問題座談會」，以「物價變動」、「對外貿易及國際金融」、「財政及國內金融」以及「經濟建設」為主題，邀集國內外經濟學者與政府首長，共一百八十餘位，於七月十二、十三兩日共聚一堂進行廣泛討論。以及七月二十八日至八月十三日由教育部救國團及青輔會共同召集之「六十三年海內外學人國家建設研究會」邀請國內外學者專家一百九十餘人參加，分「文學與科學」、「工業發展」、「國際關係」、「財稅金融」、「交通建設」及「農村建設」等六個研究組分別研究提供興革意見，以加速國家發展。此外，於本月五至八日又邀有海外年輕學人十餘人，合國內專家學者舉行一年一度的財稅金融研討會等等。以上這些研討座談會議的舉辦，不僅對當前國家正在推動的各項建設與經濟發展以及對外關係所面臨的問題都可能因此求得適切而具體的解決方案與發展之方，僅就號召與團結海內外學人專家共為國家建設貢獻智慧而言，其意義就非常之重大。

二

「當前台灣問題座談會」經過為期兩天的廣泛討論，已圓滿結束，

發表座談會之綜合要點。而且，發起舉行座談會的六位院士就會中所得「原則性意見」從「通盤看法」本「彈性作法」繼續研究，已於八月七日以「今後台灣財經政策的研討」向政府提出建議，無論建議是否可行與採行，但各方對此次座談會所予評價甚高。然對座談會本身之檢討，其應有所改進者，可以經濟日報七月十五日報導所作評論為代表。該報認為——

其一，會議的規模太大，使得會議進行諸多不便，尤限制發言時間為三分鐘，使發言者不能暢所欲言。

其二，會議依四個主題，分次進行綜合討論，發言意見難於把握題旨而成為「漫談會」。

其三，專家們談論爭論激烈的問題，對於不同意見未作坦率批評，更少有所辨明。

其四，與會專家分配不均，如財稅問題論述至多，但財政專家比例最少。

其五，經濟發展不能空談理論，但所邀對象獨少出身於企業界的專家。

至於其他尚未舉行完畢之各項研討會議，尚未見「定論」，然關於國家建設研究會依據既往舉辦二次的結果，各方反映甚佳，但在會議舉辦方式上，亦有若干改進的建議意見，要如如何協助應邀學人了解國內問題與蒐集研究資料，如何結合所有海外人才共為國家建設貢獻智慧，以及對於建議意見如何予以適切處理等等。

再如就各種座談會議作一綜合觀察，其討論課題是否有重覆現象？與會人員有無重覆參加？以及時間過份緊湊，其在籌備單位工作人員與負責首長主管們對問題之處理是否有應顧不暇之感。似宜作一深入之分析，俾有利於事功之增進。

三

　　上述各種座談討論會議的舉辦，充分表現了現代管理學家們所推崇的「參與管理」的精神與作法。然據創造理論 X 與理論 Y 學說的麥克理格 (Douglas McGregor) 在其遺作《行為科學與管理》一書中，對於「參與管理」的驗證所知，主管人員對於「參與管理」的態度，可概分為四類，一為贊成者認為「參與管理」猶如萬靈丹，可以解決一切難題；一為反對者認為放棄管理上「權力」實在不可思議，實施「參與管理」結果將是危險之事；再為視「參與管理」為一種手段、工具，僅可以此來「攏絡」人心而已，「參與」形式與實際「管理」仍各行其是。而最正常一類的領導主管們即是既不視「參與管理」為萬靈丹，亦不迷信「權力」而對之「深惡痛絕」，更不以之為一種「手段」，僅是「虛應故事」。此類主管們能適當適切地施行「參與管理」而走上成功之路。此種論證有其實際價值。但真正的關鍵問題並不在於實施參與管理對於管理上評價如何，而在於實施參與管理對於所得建議意見，如何抉擇採行的實際效能而定其成敗。且以中研院經濟問題座談會為例，其所作「原則性意見」或「具體的建議」，其「可行性」與「實際價值」是否必須責由某部門加以「研究」與「判斷」，以供蔣院長作為抉擇之依據。如果不作「研究」與「判斷」即逕予採擇施行，則對主管部門職能存在性不無影響，而且施行後，一旦實際情境與結果與所建議之預測大有出入，其責任誰屬。反之，對於各種建議意見「判斷」、「評估」以後，未敢或未能提出確切「結論」，致多未採行。或僅以「研究」、「參辦」、「研究辦理」、「參考實施」等等方式「處理」結案，則對於未來座談討論諸般「參與」管理活動必大有影響。另一方面，「參與」座談討論之學者專家，皆為碩彥之士，然因去國多年，甚至一、二十年者，今回國數日，僅憑「資料」作學理研究，或就「參觀」、「訪問」所得作為「論證」的依據，總欠深入了解，而難於作成詳確的改革方案。以「經濟問題」而論，通常有理論與實際的「差距」；「計劃經濟」的「模型」對於潛在能量的評估，無形因素影響的分析尚無兼容並包的功能。而我國當前經濟問題除「穩定」與「發展」而外，又有「理想」與「現實」的

爭議，對於建議之提供採擇與問題之處理，自也倍加不易。如各方對於「今後台灣財經政策的研討」中所建議的「機動匯率」就有見仁見智的不同看法和主張，即是最好例證之一。

四

但無論如何，運用集體智慧研討困難問題，委由專家學者評估政策方案，其所得建議意見，對於消除艱困，發展創造的消極與積極雙方面皆有莫大的裨益。今後，為有效糾合群力，發揮眾智，更為增強海外學人愛國情操，報國壯志，在團結海外人才方式上，似宜將國科會擬議設立中的「科學諮議委員會」予以擴大，並直隸於行政院之下而外，爰依上述檢討分析，試薦舉改進之要點如下：

其一，以座談討論方式研擬當前財經問題對策，無如實際參與經濟設計，或分別指導與協助各有關部門研訂問題處理方針。

其二，以一年一度集會方式討論建設國家事項，無如釐訂長期通訊聯繫辦法，俾便「遙控」與「諮詢」各項亟待解決的重大「問題」。

其三，為從整體著想，宜就國家全盤行政工作之需，網羅海內外人才分門別類各自成立「研究小組」，由政府資助必要之經費，以鼓勵學人經常為建設國家而貢獻其智能。

其四，居住海外學人組成「研究小組」應就研究性質邀請當地曾經來華訪問、研究之有關人士參與觀摩，諮詢意見，既可廣開「言路」收「攻錯」之效，對於爭取友邦重要人士亦為極妥善之方式。

其五，每年應先適時適地分別舉行財政、經濟、新聞、文教、國際關係等之分組研究而外，綜合研究宜合併一次舉行，會期較長，研討主題兼及年度以上之中長期建設方面之問題。

其六，有關分組研討或綜合會議之各項建議意見，訂定處理作業程序，追蹤查核，適切褒獎，公佈週知，對於學人報國忠誠必能產生極大的激勵作用。

其七，再如由團結海外學人，在國內又致力於「團體諮商」，建立員工「建議制度」，彼此結合，協調溝通，作到內外一體，上下一心，則國內外才智之士無不盡為國用，有關國家建設任何問題無不可得其助力，大有為的開放的政府亦可於此奠建其最穩固的基石。

五

總之，海外學人不僅為我國之瑰寶，其在僑居地亦為有影響力之智識中堅份子，如果能善加運用這份力量，對於建設國家與匪鬥爭，爭取與國共策反共大業，皆可發生極其重大的效能。現在政府號召海外人才為建設國家貢獻智能已著有成效，似宜因利乘便，因勢利導，責由有關部門進行檢討加強結合方式，發起「旅美學人」或「世界華商學人支援國家建設研究會」之類組織，並有計劃地經常展開活動，其貢獻，其影響，較之任何海外工作組織必大有過之而無不及，可以斷言。

——原載於《自立晚報》
民國六十三 (1974) 年八月十二日

十二、均富安和政策的秉持及其努力方向

一、引言

由中央研究院「當前台灣經濟問題座談會」發起人劉大中博士等六位院士，就會中所得「原則性意見」負責繼續研究的具體方案或建議，已於八月七日以「今後台灣財經政策的研討」為題公佈提出。綜合其中所陳七項建議意見，要在於如何藉有效控制通貨以穩定物價作為中心主旨，從而論及如何加強土地增值稅等之徵收以闢財源，支應九項建設為主要目的。此與「座談會」討論的四大主題，即「物價變動」、「對外貿易及國際金融」、「財政及國內金融」以及「經濟發展」內容相較，似有失之簡略，特別是對於「經濟發展」未公開其具體之建議方案，種種臆測與爭論之問題，可能由是而愈益繁複，自有澄清明示之必要。

二、均富政策的秉持

無論就短期與長期而言，我們致力經濟穩定與發展，當以民生主義為最高指導原則，是為不可稍有變易的方針。民生主義經濟政策是以建立均富安和的社會為鵠的。蔣院長對於安和均富政策的秉持已一再重申強調。而當前的經濟政策要在「穩定中求發展」，其真正意義可稱之為「穩定」為求「安和」，「發展」是為「均富」。

然而當前有若干人士討論任何問題，每就純經濟觀點來處理問題，而少有顧及民生社會問題者。結果，談發展經濟，猶如販賣商人然，認為擴張出口就是發展經濟，賺取外匯，可以提高國民所得，就是大功告成。此有七月十八日自立晚報社論所指出的：「依我們理想目標而論，當然要建設一個以民生主義經濟型態為基本國策」，而現實趨向「我們正在建立一個以販賣為中心的商業國家或貿易國家」，形容甚得其要。

為堅持貫徹民生主義均富安和的經濟政策，此種「各說各話」、「各展其長」的爭論就有及時加以戢止的必要。

三、當前情勢的檢討分析

民生主義經濟政策的主要辦法為「耕者有其田」、「平均地權」、「節制私人資本」與「發達國家資本」。過去二十多年來我們經濟社會所以安定繁榮，都是成功地貫徹了「耕者有其田」土地政策而得有的。今後欲求經濟發展更上層樓，當亦有賴於「平均地權」、「節制私人資本」與「發達國家資本」三者一一成功地予以實踐。可是，當前情勢發展是否能把握住這一方向？不無亟待端正的爭論問題。例如財稅方面，現在工商界與政府爭論最烈的，除了爭取各種減稅免稅的優惠，要求降低利率，便利其資金融通等等而外，就是對獎勵投資條例第十三條的修正，取消了對盈餘轉投資所得稅延緩課稅的優待問題。在經濟方面言，其最足以混淆視聽，使民生主義經濟政策可能「走樣」的乃是「先富」「後均」的主張。認為政府如取消了增資股緩稅的優惠就是殺雞取卵。不先幫助工商界一本萬利大發其財就是阻礙經濟發展。

（一）節制資本的趨勢

論及「節制資本」，這不僅是我們民生主義早經揭示的最正確的政策，也是今天自由經濟制度發展所必循的正途。據七月三十一日新生報所載丁琴南先生「美國『節制資本』的暗潮」文中就曾指出，世界性最大的十家商業公司每年營業收入都超過世界上三分之二國家的國民總生產量，這些公司妨害了企業自由，影響了地主國的政治經濟，也觸犯了美國社會的公憤。鑑於商人的暴利促成物資缺乏，通貨膨脹和失業，犧牲全國無數消費者和納稅者的利益，美國國會不得不考慮商業國有化立法或者加強對商業的管理，而準備這個生與死的鬥爭。更有不少人引述1911年公營鐵路以及田納西電力局的前例，強調商業國營為正當可行的途徑。這不正是資本主義反轉回來走尚我們民生主義的「節制私人資

本」、「發展國家資本」的大道嗎。顯然，我們的大企業尚未發展到如此地步，但絕不能要向美國亦步亦趨，也要到準備生和死的鬥爭的時候才談這項問題。

（二）一切應以「養民便民」為重

民生主義經濟政策的主要目的並不是一切為了「賺錢」，而是重在「養民」。因此，政府對企業自有協助輔導的職能，而企業亦必盡其社會責任，要想及為社會大眾作些什麼，可以貢獻些什麼。也唯有把「攘利唯恐不先」的「歪風」自行戢止，多為社會大眾消費者著想，為國家全盤建設設想，則當前所爭論劇烈的問題皆不成其問題了。

以取消增資股緩稅優待而言，納稅是國民的義務，政府給予免稅、減稅、緩徵其稅，是一項為某種更有益的目的而設定的「優惠」，並不是基於憲法所賦予的基本權利，不可侵犯，不可拋棄。何況課徵此稅並非剝奪一切利潤。如果取消此項優惠，對於經營者「合理」所得並無損失，自絕不應再有修正、恢復之議。

至於營利事業稅率調整為百分之三十五，論者謂此勢必迫使僑資他去。此項稅率是否偏高可不必言及，此因外來資金除僑資外尚有他國人所投入者。如果他國人投資未見有何影響，則「唯利是圖」的僑資，不如任其他去為宜。

再從匯率、利率問題來看，工商界總希望台幣不貶值以免影響其外銷競爭力；匯率固定，使其便於計算成本利潤；採取低利率政策，以降低其成本，可擴大增產，可多賺其錢。為此，每以「民生」為藉口，要政府多聽聽工商界的意見，總以能符合其願望才為是。但在物價哄抬，百物皆漲，升斗小民叫苦連天之際，我工商生產企業有多少是如北歐國家商人以百分之一利潤為限度，與政府合作，不哄抬物價，更不大賺其暴利。事實猶如六月七日中國時報社論指出：「自去年通貨膨脹以來，約三百萬三軍公教人員及其眷屬，以及數以百萬計之其他固定收入者與升斗小民，困頓於高物價之下，其真實收入不斷減少，生活水準不斷降低，而其所損失之收入，與降低生活所節省之財富，則皆集中於連其眷

95

屬不會超過十萬人之工商企業界之手，而此輩復不知檢點，在國內外窮奢欲極，所謂一屋連城，一食萬金。」如此現象豈為我們努力經濟發展所願求？當前物價穩定果真得力於「提高利率」、「緊縮措施」的話，則為「大眾利益」計，工商企業界就應本「民主」原則，「少數服從多數」，不及十萬人的工商企業，為千百萬大眾安定生活計，而「安」於合理所得，莫作非分之想才是。

（三）「均富」之道

政府秉持「均富」政策的貫徹，現以無人表示異議，但有心者卻以「加速資本形成」以利經濟發展為由，而大力主張「先富」「後均」。甚至劉大中院士等也認為「總要在相當富裕之後才講究『平均』」的論調（見七月二十三日聯合報葉耿漢、楊士仁報導文）。而主張先讓企業家生前大賺其錢，於其死後再重課其遺產稅。這實在是我們經建方面最須深切關注的核心問題。此可從幾方面加以分析：

首為民生主義經濟政策揭櫫的「均富」是「先富」「後均」嗎？不是。 國父遺教，三民主義中民生主義講說得很明白， 總統也有多次闡釋的文獻，皆是主張求「富」之同時求「均」。我們如果依據憲法，遵循民生主義經濟政策來釐訂我們的經濟措施，就不應對此有所自作主張的曲解。

次為如何「先富」「後均」？為了加速資本形成，而優惠資本家使其累積財富，以能作更多的再投資，以擴大生產，加速經濟發展，這是低度開發國家所依循的過程。我們既往的經濟措施也具有這一特色。例如獎勵投資條例、減稅免稅、外銷補貼，以至採百分之六十的低所得稅率皆是。但二十多年來經濟高度發展的結果，已邁入開發國家行列，進行的十項建設一旦完成，將見我們經濟結構有脫胎換骨的轉變。可是，他方面，我們社會也有了富者一屋連城、一食萬金的現象，而貧者依舊仍有仰賴貧戶救濟金者，極大多數薪資所得者也在低工資中爭生存，通貨膨脹使其真實所得每況愈下，生活日見失其保障。在此情勢下，今後還要錦上添花，變本加厲地幫助資本家大發其財，再求「先富」？「先

96

富」到何種程度？到何時才可以「均」？是否要待我們資本家的企業也富到有如美國的大公司，成為碩大無朋的多國性公司，然後才作生和死的鬥爭來求其「均」？民生主義經濟政策的「均富」絕不是如此。

再則是「先富」「後均」實際上行得通嗎？民生主義的「均富」政策是合理分配所得與增加生產同時並重，絕不是單純的「平均」社會的「財富」。即使就「平均」社會的「財富」而言，其方法有二：一為如中共所採用的「清算」、「鬥爭」，使富人「掃地出門」且賠上性命的手段，來「均」其「富」，想來絕不為任何富者所樂見。另一是資本主義自由經濟制度，以高累進稅率徵收所得與遺產稅，以及托拉斯法案不使企業聯合獨佔，以之保證其巨利，防止財富過度集中而妨礙企業自由與影響大眾生活。以美國為例，實施結果又如何？並不理想。今天美國的大企業一天天地膨大，也一天天地增多，不僅促成通貨膨脹和失業，犧牲了全國無數消費者和納稅人的利益，而利用金錢對國會遊說操縱，很多活動都出乎正常人想像之外。美國國會不得不考慮商業國有化的立法，主張對他們徵收「暴利稅」，主張分散他們的公司組織，準備對他們進行「生和死的鬥爭」（見七月三十一日新生報丁琴南報導文）。可知「先富」「後均」之不易。我們的工商企業之富雖然與美國的中小企業亦不可比，但所發現的「歪風」卻是無有遜色，如逃稅、漏稅無所不用其極，如擁有五部私家名牌汽車者仍免繳所得稅，某富翁省議員死後無一文遺產，連棺材板都要人捐助。在如此情境之下侈言「先富」「後均」，豈非自欺欺人之誤，何況與民生主義經濟政策相背馳。

因此，我們的「均富」政策的實現，是在求「富」之同時，並求其「均」。不容曲解，更不容變質。

四、我們努力的方向

當前，我們的經濟「在穩定中求發展」正處於重要的轉變期。我們為秉持「均富」「安和」的民生主義經濟政策的具體貫徹，其現階段努

力的方向，其犖之大者似為下列數端：

（一）致力生產技術的突破

我們的經濟發展似已由「起飛」階段而晉至「工業化社會」的開發國家行列，其間成功的要素固有賴於管理的革新，而生產技術的突破尤具決定性的影響。如果我們一切生產技術依然仰賴於與外人「合作」，仍停留在「加工」階段，如果所有產品都求之於向他人購買專利，仍以廉價勞工來與人競爭，則是侈言「起飛」，空談「工業化」。即使我們進行「傾銷」，再大事「節約」，也無濟於事。因此，我們謀求經濟發展，除加強管理革新而外，重要課題即是如何積極進行生產技術的研究發展，使我們的產品不僅能降低成本，而且能推陳出新，不斷創新，在國際上佔有獨一無二的市場。如此的經濟發展，其前途才是一片光明，未來有無限的希望。

管理革新與技術突破自以公營企業先樹立標準繩墨，以之與民營企業、特別是中小企業互助合作，盡其領導、開拓、輔助的職能，是為一種可靠的成功之路。而目前工業技術學院的成立，亦為加強工業生產技術研究發展重要建樹之一，如果工業技術學院真正能與企業結合為一，能大量造就工業界真正所需的人才，將必成為技術革新一個重要發源之地。但真正的動力確在於林林總總的大眾。如果結合海內外學者專家，使其為國家生產技術可以適時適切貢獻智慧，能夠發揮集體智慧，激勵每一員工都能開發其潛能，提出必可受到重視的建議意見。研究發展作到如此地步，我們生產技術自有一日千里的保證，經濟發展真正向下紮了極其深厚的根基。

（二）減少對外依賴的程度

我們經濟發展所面臨的困難，除了人為的因素，即「管理」與「技術」的差距問題而外，尚有先天性的困難，即海島經濟，資源貧乏。經濟高度發展，對外貿易越擴張，對外依賴程度也就越大。此外，國際金融制度的紊亂，全球性的通貨膨脹，舉世驚駭的能源危機與工業原料的取之不易，又使我們對外依賴度越高，其所受衝擊的損害也就越巨大。

又據統計，我外貿金額已高佔國民總生產百分之九十以上，兩者比重，在全世界僅次於荷蘭，而居第二位，已嫌過高。而對外貿易關係雖已達一百二十八個國家或地區，但進口依賴於日本，出口依賴於美國，均超過百分之五十以上。加之進出口貨物多屬輸入原料再加工輸出，商品價格彈性不高，競爭能力自也不大。在此種對外高度依賴情勢下，國際間，特別是美日兩國政治經濟金融的變動，予我們的衝擊，將無一左右的能力，安全自保均為堪慮之事。如何因應情勢，減少對外依賴，其有採行價值之建議要提高國內國民的購買力；分散輸入輸出的外貿國際市場；以「機動匯率」或適時調整匯率，以自動調節對外貿易；發展服務事業；致力生產高級精密工業產品輸出；特別是積極開發新資源，如石油之探勘，及研究資源之代替品，如建議利用「高分子化學」技術來製造新產品等等皆是。

（三）合理分配所得，縮短貧富差距

持「先富」「後均」論者最大之理由是為「先富」可以提高國民所得，這當屬可能，但國民所得提高並不表示所得分配合理，更不能以之求得高低所得或貧富之間差距可以縮短。經濟高度發展結果，在開發中國家，特別是租稅系統不健全，優惠過多，貧富差距通常是逐漸擴大，總有一部份個人的真實所得並不能隨國民所得提高而增加，如薪資所得者，利息所得者，再如處於通貨膨脹時期，所得再分配結果，其真實所得反是逐次降低。所以，適時調整薪資所得者待遇，以安定其生活；運用利率政策，有效控制通貨以穩定物價，皆是為合理分配所得的重要手段。

在當前舉世通貨膨脹情勢之下，有論者引巴西以物價指數為準適時調整幣值，而使新資所得者免於通貨膨脹所造成的所得再分配的損失。如果既有所得分配均屬合理，在穩定物價，發展經濟等方面均有切當的措施，自不失為極其良好的辦法。所以民生主義的均富政策以合理分配所得為重心，來縮短貧富之間差距，在當前就益見其迫切急需。

至於我國經濟高度發展結果，貧富差距是否有縮短現象，此有經濟

部孫部長與財政部李部長兩種不同的論說。孫部長曾數度引述美國海外開發協會主席葛蘭特 (James P. Grant) 於 1972 年六月間向美國眾議院所提證詞中有關這方面的研究報告稱，台灣最高百分之二十所得與最低百分之二十所得階層，每戶每年平均所得比率在民國三十九年為十五比一，到民國六十一年初，此項比率已降為四點六比一，而認為台灣國民所得的分配在過去二十年已有顯著改善，貧富差距因已日趨縮小（見八月四日香港時報載孫部長「台灣經濟建設之回顧與展望」文）。但李部長於五月二十七日在立法院報告則認為，因我國股份有限公司組織之資本多未能社會化，致社會財富集中於少數人，且獎勵措施已使社會貧富差距日趨擴大（見五月二十八日聯合報）。此兩種說法何者為正，自不必探究，但不容置疑的事實是我們租稅結構不健全，所得稅率固低，徵收績效尤差，而各種錦上添花、跡近浮濫的種種免稅減稅辦法，不僅拉長了貧富之間差距，而在「家族公司」企業型態之下，種種減稅免稅優惠特權，無異令少數私人坐享不當暴利，實欠公允。因此，改善租稅，及早建立以直接稅為中心的稅制；革新稅務行政，務期豪富大戶無逃稅漏稅之可能，皆為當務之急。而此番劉大中等六位院士所建議的加強稽徵土地增值稅，實施營業加值稅，甚符合理分配所得以縮短貧富差距之精神，似宜積極採行者。

（四）增進社會福利設施

均富政策除了藉財稅政策使財富不至於過度集中，所得合理分配可縮短貧富差距而外，尚有將財稅所得「轉移」於社會大眾，使低所得者能有合理的生活。現在政府考慮擬將預算中社會福利經費由中央總預算的百分之十二，台灣省百分之十四，台北市百分之十七寬列到百分之二十五左右。並積極研擬社會救助法，殘障福利法，果能積極實施，順利推行，其在貫徹民生主義經濟政策方面自又邁進了一步。

然而，為了激勵人們上進精神，也為防止在良好社會福利政策之下養成懶散而「自甘墮落」，故有人主張仿照香港不用增加稅收而用「榮譽」方法，贈以「總理」名銜來激勵富翁捐款，辦理慈善事業（參見實

踐一○九期第十一頁）。此種議論當是鑒於福利社會也有其流弊而發，無可厚非。但所議作法實有損於窮困者人格尊嚴，也非根本而有效的辦法。諺云：「給以一魚，僅飽一餐；教以漁撈；可飽終身。」因此，目前台灣省政府和台北市政府所實施的「仁愛計劃」和「安康計劃」實在是消滅貧窮促成均富的根本而有實益的辦法。以往台北市貧民申請做一臨時工總要排二十四小時的隊。而今，因九項建設的進行，人力需求至多，如果趁此時機配合「仁愛」與「安康」兩計劃的實施，擴大訓練貧民，使其各有一技之長，從此可得合理之生活，其在實現均富，光大仁政，皆可獲致重大成效。此外，提高農民所得；改善漁民、工人生活；輔導中小企業研究發展；協助中下級收入者興建住宅；推行「分紅」、「入股」的制度，以至透過合作社經營組織，實現「人人有其股」的經濟政策，皆是實現民生主義「均富」「安和」理想社會最具體而切需的辦法。似宜碩畫盡籌，悉力以赴者。

　　五、結語

　　總統於《民生主義育樂兩篇補述》中，提出均富與安和的理想，要建立一個自由而安全的社會，認為「現代經濟的目的與我們現代化經濟的前提，乃在均富與安和，避免資本制度財富不均，和消滅共產主義階級鬥爭的流弊，乃為我們民生主義經濟思想所特具的功能和屬性」，因而揭櫫「工業民主化，資本大眾化，消費社會化，享受合理化」，以之來完成富強康樂的國家建設（見《蔣總統與民生建設》上冊第二十四頁）。我們當前經濟穩定與發展的中心課題與努力方向，盡在其中，如何運用集體智慧，激發個人潛力，以克服困難，求其圓滿實現，當是我們共同的責任。

——原載於《新聞分析》第三十六號

民國六十三 (1974) 年八月十日

十三、「行以待變」與「總體外交」

一

不久前蔣院長於院會中曾就當前世局和大陸共黨正在劇烈變化，提出「行以待變」、「應變」與「制變」，勉勵全國民眾同心一德，運用智慧，做好自己應做的工作，使一切變化成為有利於我的因素，則我們反共復國自無不勝不成之理。國內各重要報刊也就此方面問題先後發表社論，或釋「行以待變」，或分析「待變、應變、制變」的必要準備，或論述大陸內部的動亂，主張：「積極插手於大陸的變局！」值茲國內工商各界為經濟穩定與經濟發展有關問題，對於有關外貿、財稅方面問題，眾口喧騰，莫衷一是之際，斯言斯論，誠如暮鼓晨鐘，發人深省。

二

所論及「待變、應變、制變」皆為如何處變之道，因此，如何「知變」實又為待變、應變、制變的先決條件。聯合報七月五日社論曾有切當的解說。然就「變」的本身以言，周易論之其義有三：即「易簡」、「變易」與「不易」。所謂易簡者「百姓日用之道，日可見之行也」，變易者「推此日用之道，可以及於天地萬類也」，而不易者「雖天地之大，事物之眾，不能改易此道也」。準此三種易變之義，綜觀既往世局演「變」的事實經過，對於「變」的性質、範圍及其方式等等，可以從「日可見之行」中體識到「變易」有其可尋之軌跡。為簡明起見，可以「六何」為題，試答如下：

六何	政治上	經濟上	軍事上
為何變？	政治結合	經濟利益	國防安全

怎樣變？	集團對立	互惠排他	共同防禦
如何變？	條約承諾	資源控制	核子威脅
何處變？	外交關係	市場開拓	海權擴張
何人變？	執政高峰	富庶地區	強權國家
何時變？	權力轉移	利益衝突	均衡破壞

　　至於中共在大陸上內部的動亂，對外的騙局，其混淆黑白，反覆無常，陰謀詭詐，極盡其能事的「變」，也無不是依循其唯物辯證法的三定律，特別是「矛盾率」，認為「矛盾是絕對的，統一是相對的」，要使「一分為二」，要不斷「與人鬥爭」，不僅是「其樂無窮」，也是其「求生存」、「求發展」的唯一法則。所以中共永遠陷於「矛盾」「鬥爭」中，終必「自我否定」而毀滅絕亡，乃是必然的。

　　　　三

　　在當前世局與匪情變易的事實經過中，我們所面臨的挑戰亟待「行以待變」、「應變」、「制變」的「變」局，其關係最為密切者應為下列三端：

　　首為眾所共識者是為中共內部的權力鬥爭。現已由「批林批孔」而至「揭發批鬥」階段，雖有「文鬥不准武鬥」，只可「就地鬧革命」不准「大串聯」的「規定」，其武鬥已蔓延二十五個省市，由「大字報」指名攻擊而演至流血造反的地步。與此同時，大陸逃港難胞人數之多，均較以往十年驟增。大陸暴亂至此，無論其是為「林彪事件」的另一高潮，抑是以江青為首的「文革派」為整肅異己份子——周恩來——的另一次「文化大革命」，其暴亂「易發」「難收」，其內部傾軋不安而造成一種巨變之局殆屬無疑。正如輿論界所議，如何「積極插手大陸變局」使大陸「動亂」轉變為反共抗暴革命運動。既根除中共極權統治，亦免其淪於赤色蘇俄的控制，而還我大陸河山，予我苦難同胞自由，當

是我們「行以待變」的首要課題。

次為中俄之間的矛盾衝突。即是現在所謂邊界緊張情勢所予世人的幻視錯覺，及其武裝衝突可能導致的大「變」局，我們如何因應制變。從 1965 年中俄之間為了「和平共存」政策，為「修正主義」路線的「思想」「理論」性的「鬥爭」演變至今日為邊界糾紛而武裝衝突的情勢，已歷有八、九年之久，其間中共利用這一情勢確已獲得極大的利益，其最為顯著者當為便利其對內部的鎮壓控制，對海外僑胞心戰、統戰的運用。可以說：特別是因中俄衝突而肇致季辛吉暗自勾結中共，安排尼克森訪問大陸，造成美中「關係」一百八十度的大「變」局。而他方面，蘇俄在這「虛張聲勢」中，其海軍力量也伸入了印度洋；印度於 1971 年八月與俄簽訂了「俄印二十年和平友好合作條約」之後，於今年五月十八日舉行核子試爆等等皆因中俄衝突所引起的如此「變」局，正日見其發展。

而蘇俄陳兵百萬於大陸邊境，如果中俄衝突確屬「真正」事實，一旦軍事戰爭全面爆發，就常理所知，中俄大戰結果，中勝，則大陸同胞更無法掙脫共產暴政；中敗，中國大陸焉不淪於赤俄魔掌！設如中俄核戰結果兩敗俱傷，核子為害，豈非人類共同之浩劫？而在中俄軍事「大戰」之際，我政府如何「插手」，當為最大「難題」。而最可怕者為中俄「合作」演其「雙簧」，蒙蔽自由世界，俟機一舉赤化世界！因此，對於當前中俄邊界衝突，緊張情勢應如何結合友邦，共同合作。機先主動，掌握這一「變」局，利用這一「變」局，實是關係我們國族民命與人類共同命運極其重大之課題。

再為中共在對外「關係」方面，在各種國際組織之中仍以使我孤立為其主要陰謀，且在變本加厲地進行。如中共與大馬「建交」使我全世界華僑最多之地區東南亞的反共堤防決潰之後，又於我在外交方面尚有可為之地，中南美洲的委內瑞拉，非洲的尼日分別「建交」，使我官方外交關係日處於萎縮情勢之中。民間組織方面，我在羽球總會年會及崇她社年會中會籍維護成功，國人甚以為慶。但中共在各種國際組織及教

具影響力之各種社團協會如民航組織、世界體壇等等則無不盡其所能，利用其「爪牙」以排我納中者。今天中日航線中斷未久，據七月八日自立晚報報導，中共又正向英國利誘表示，如果英國 BOAC 與 BEA 獲准開北平航線則必須禁止我中華班機飛入香港，可見其用心狠毒。諸如上述情勢如不及時遏止、扭轉，不僅我在對外關係上日益艱困，也可能為我經濟發展方面帶來莫須有的阻力。誠如有論者謂，我台灣地區經濟發展為七十年代之奇蹟楷模，並未能以之阻止聯合國接納中共；而我為日本貿易最有利之伙伴，田中依舊靦腆與中共「建交」，甚以我中日航線為日本之黃金航線，亦甘冒斷航而終於斷航。可見經濟高度發展的成就，可以清除或取代對外關係的艱困之說，並不盡然。而且，我們經濟發展對外貿易，雖然未因外交情勢逆轉而逆轉，反有較前增進者，但觀諸各國之重要物資資源，最後依舊受政府的政治性控制，因此，如何衝破孤立，不僅關係政治外交，且亦為確保我經濟發展不容稍有忽視的重大課題。

四

論及我們對外關係，當以堅固中美關係最為首要。兩三年來，我們在這方面的有進展？美國也一再重申條約義務，表現其踐履承諾的決心與行動。但我們並不能就此無憂，特別是有自我樂觀的看法。而須以更客觀的態度，更努力的行動，來加強對美外交關係，才有踏實而可靠的成效。

關於我們如何推展總體外交，蔣院長於立法院五十會期口頭報告中所指出的我們不變的原則是：「中華民國憲法所制定的國體絕不改變，中華民國反共復國的總目標絕不改變，中華民國永遠站在民主陣營的一邊，以及中華民國對於共匪叛亂集團絕不妥協的堅定立場絕不改變！」繼於五十二會期中所提示，將繼續透過政治、經濟、貿易、文化、科技等各方面的相互交流，來增進我與國際間的彼此了解與認識，發展良好關係。

可說是我們處「變」中的「不易」與「變易」之道。但在「日可見之行」的具體而實際的作法方面，各方建議意見不一而足。就目前情勢而論，其當務之急者應是為——

其一，擴大救助大陸難胞義民。我們如何插手大陸變局，自然以增強我敵後武裝力量，積極掀起革命抗暴為上乘之策。但如擴大救助大陸逃亡難胞，號召與鼓勵大陸同胞以至共軍共幹投奔自由，起義來歸，當亦為加速催毀竹幕最有效之方。政府似應大大充實我救災機構人事與經費，以能不寄望於國際性救濟組織的支援為原則，以能照顧所有難胞義民為標的。此種工作雖然所費不貲，也可能阻礙重重，但為政治號召，摧毀極權暴政所產生的力量是極其巨大的。

其二，僑務活動方針的修正。我們三千餘萬華僑散佈之廣，可以說世界上有水的地方就有華僑。其僑居地政治越民主，社會越開放者，華僑反共意識也越堅定。結合世界各地僑胞就可匯為反共抗暴、推翻中共極權統治的洶湧澎湃莫之能禦的力量。因此，中共對華僑社會的誘騙、滲透、顛覆的陰謀也就無所不用其極，對於僑胞而言，雖難收大效，但當地政府對中共「僑務活動」多有容忍者。此因中共對華僑的「政策」為當地政府所歡迎故。以馬中「建交」為例，據分析，馬中「建交」之成功厥因於此。早在數年前周恩來即公開告訴大馬貿易代表團說，中共在鼓勵海外華人視自己為他們所歸化國家的公民，而不要視自己為居住在海外的中國人。大馬貿易團返國報告，極得大馬當局所稱許。此番馬中「建交」，在其「公報」中即有不承認雙重國籍之條文。反觀我們對華僑輔導政策是相當成功的，但因容允「雙重國籍」，致若干僑務活動可能很不為當地政府所願見有識者。今後我們如何使每一僑胞所居住的當地政府認為有我僑務工作，就可使僑胞更忠心於所歸化所僑居地的政府，是為我僑務政策上、宣傳上、以至僑務活動方法上，亟須修正，俾可適應情勢而免為中共所乘的要務。否則，僑胞最多的地區東南亞，僑胞糾紛問題最多的國家如墨、泰、菲律賓，均將會有困擾。

其三，強化官方外交。自我退出聯合國後，有正式外交關係者仍在

減少之中，如何維持與強化現與我有邦交國家之間關係，論者無不認為加強駐外人員陣容，充裕經費，統一指揮，積極展開外交活動，以及增進經濟貿易關係，促進文化科技交流等等為主要作法。然下列諸端實作性措施當亦屬可行性的良策：

一為促進我與他國重要關鍵人物之間的了解。比如陶百川先生於一月十日發表於中國時報「要與季辛吉互增了解」一文中主張我們應當積極幫助這位關鍵人物增進對我們這個盟邦的了解。此說甚是。對於爭取與國之重要關鍵人物，特別是對我有誤解的重要人物，當應規定為我駐外人員引為主要工作之一。

次為區域合作，多國聯盟的促成。目前我在東南亞、中東、以至南美洲與非洲皆有若干邦交至為敦睦密切的友好國家，如果能排除萬難，無論其為軍事，或經濟，或政治，或科技文教，以至民間社團，旅遊事業，一一予以促成區域性合作，多國性聯盟，其在國際政治中所產生的影響力，實不可以道理計。

再為以實際貢獻爭取與國。例如我國先鋒計劃農技援外，其成效與貢獻真是有口皆碑。土地改革示範講習也獲得國際人士稱道贊助。諸如此類工作，對於爭取與國最具成效，自須繼續擴大舉辦。再如將我們七十年代經濟開發奇蹟的成功經驗有計劃地介紹於開發中國家，進而具體地協助開發中國家，使低度開發與開發中國家以我們為中心，能主動合作，共謀經濟社會的發展，國民福祉的增進，較之中共煽動第三勢力，捏造第三世界進行政治鬥爭，陰謀顛覆，真不可同日而語。

至少，我政府可循國際技術合作途徑，透過美國政府或其他友好國家擴大第三國訓練計劃，爭取更多國家或地區派員來華受訓，實又為最具體可行且有大效大益的舉措。

其四，大力增進實質的關係。在無邦交國家或地區進行總體外交以與中共鬥爭誠非易事，亦難收立竿見影之效。但中共幹部與西方開放社會接觸，其所受的民主自由的衝擊，也必成為中共極權暴政最大的致命力量。所以在如此外交「戰場」上，我操勝算，實端視我政府與民間共

同努力的程度而定。下列臚舉之建議意見，當甚具採行價值：

▲應竭智盡能地爭取現在與我與中共均未建交之國家以建立邦交。如馬來西亞為中共所爭取是為失算。他如愛爾蘭、以色列、不丹、印尼、孟加拉、斐濟以及可能獨立之新興國家，自須及時設法爭取建立邦交。

▲對於無邦交國家亦應認之「國際法主體」可與之締結條約，藉以擴大與增進實質關係，也明示我對國際義務與道義的尊重。

▲我與歐洲各國實質關係的增進應加重視。對現已在歐設立之我方機構，尤以倫敦自由中國中心，使成為我在歐洲推展總體外交的據點。

▲對於無邦交國家或地區均須設法建立據點，至少派遣我方留駐人員，保持通訊聯絡。目前我有八位他國的名譽領事，此種運用當地有力人士為其工作的方式，大可為我參考仿行者。

▲加強「地方政府」與「國會」以及民間各種社團的對外活動，對於促成我與無邦交國家或地區之關係必具成效。

▲文化交流以建立「校際合作」交換教授留學生，以及提供中文教材交換科技知識皆為上乘之方。此外：

▲對在台之無邦交國家或地區所設機構所派代表以至民間工商組織人士，宜責成有關機構或團體，一一加強聯繫，適時舉辦聯誼活動，當可大大增進彼此之間實質關係。

五

總體外交即系全民外交，不僅外交、經濟、文教、新聞、僑務、觀光等等工作彼此不可分割，不得各自為政，務必互為體用，彼此支援，對於黨政關係，國內外民間社團，以至各別重要人士，亦須主動爭取，密切結合，才能發揮無比力量，獲致預期成效。早在去年二月二十二日自立晚報社論即認為，言及「總體外交」應有決策中心和作業計劃，才能動員國民的全體力量，開展國際的全面關係。繼於該年四月九日聯合報亦發表社論建議：「政府應該在外交部之上，行政院之下，成立一個

外交決策最高幕僚機構，授以大開大闔的設計作業全權，授以當機立斷的選人用錢之權，嚴格要求工作績效，並課以責任，然後我們朝野咸認的對美重點外交，方可收到預期的成效。」衡度當前情勢發展，所議建立推展總體外交的決策中心或協調指揮的最高幕僚機構，益感需要。否則，各自為政，「動」而不「行」，不僅不能發揮力量，且既有的實質關係亦恐日漸消失。

目前為國內推動九項建設，尚成立有協調會報，並由蔣院長親自主持。推展總體外交當更須有一健全有力的決策指揮中心。諸如總體外交全盤政策之綜合與策訂，駐外重要人事之審議，預算之分配，國內外對外機構之統一協調與指揮，以及涉及兩部會以上重要工作計劃之審議，均應屬由該指揮協調中心的主要執掌。又為統合全國力量，支援總體外交，宜由黨政各部門對外機構首長或代表，工商各界及民間社團組織領導人組成「僑外事務聯合委員會」，俾能在統一指揮，密切協調之下，集結力量，齊一行動，推展總體外交，順利達成各項任務使命。此外，指揮協調中心之下須設有研究設計組織，以為指揮協調審議研提各項對外計劃重要方案，並以外交部情報司為業務策劃單位，成立「情報管理中心」，以結合經濟、文教、新聞以及研究中共情勢的各部門的情報資料處理的人員與設施，採分散「查詢制度」或集中管理分析方式，提供情報分析資料，以供決策之依據。健全了組織，釐訂有推展總體外交的全盤工作計劃，合以「劍及履及」的行動，則「行以待變」而「應變」、「制變」，才有可靠的成功保證。

六

總之，在當前世局急劇「變」化中，我外交處境日見艱困，而大陸上的大暴亂，一朝一夕之間都可能有驚天動地的「變」化，是為我復國建國終底於成之所寄望者。因此，「行以待變」，除推動各項建設「作好自己應做的工作」而外，當以積極推展「總體外交」為主要張本。國

人對此已咸有正確的認識，問題在於政府如何有效結合公民之間所有力量，充分予以運用發揮。而在對外關係方面，鑒於各國為其自身之利害，一向反共而與我至為友好者如韓國，尚有「六‧三聲明」，採「多元化外交」有與中共示好的作為；至無邦交國家，其地區與對象之廣之雜等等情勢，不僅增加我處境的艱困，也使我對外關係增進之不易。因此，我們在對外工作方面，自最高決策組織，以至每一業務單位，各個公民組織之間，就必須建立起脈絡一貫的組織關係，靈活暢通的情報系統。並要在一個猶如四年經濟建設計劃的全球性對外關係的戰略計劃之下，分工合作，齊心協力，共同為總體外交而努力貢獻，是為「行以待變」「應變」「制變」應有的作為，也是為我們國脈民命求生存求發展最根本的要圖。

——原載於《自立晚報》
民國六十三 (1974) 年九月十六、十七、十八、十九日

十四、促使企業經營公開化大眾化

一

十月十二日中國時報以第一版首條新聞報導政府計劃獎懲並用促使企業公開化加速推行，以抑制私人或公司之逃稅，鼓勵國民參與企業活動，而加速資本形成有利於經濟發展。該項報導並列舉了獎懲的要目。繼有十三日中央日報以「企業經營的公開化與大眾化」為題，亦發表社論，從政治、經濟以至企業的經營發展諸方面闡釋企業公開化的時代意義與真正價值，從而就推動此項工作提供四種途徑的建議。

二

就當前國家經濟發展情勢而言，促使企業公開化，固屬經濟措施，但亦極具社會的和政治的意義。可以說是為我們實現「均富」「安和」理想以建立三民主義國家奠建其堅固不拔的基石。

此因，企業公開化與大眾化，不僅可以此抑制逃稅漏稅，可以加速資本形成，有利於經濟發展。且正如中央日報社論所指出：「由於多數人都能持有公司股票，使資本家與勞動者之間的階級意識日趨淡薄，使馬克斯認為西方社會將因少數資本家與多數勞動者的對立而導致崩潰的預言不能實現。」則煽動勞資衝突，進行階級鬥爭的共產主義邪說謬論自也無法蠱惑社會人心了。他方面，由於「股票可以隨時買賣，使投資人樂於購買股票，集合少數人資金，集中成為龐大的資金，企業經營固以擴大，政府的直接稅及間接的稅收增加，消費大眾的生活水準也獲得了不斷的改善」，其有助於經濟發展社會繁榮，皆為眾所共認有識者。

企業的擴大經營，對於謀求工業化、加速經濟發展不僅是一種主要的動因，也為必然的必須應循的發展途徑。十九世紀繼第一次工業革命

之後，有產業的集中和聯合經營的出現，使企業經營無論在經濟上、政治上、社會上皆扮演了重要的角色，所以史家譽之為第二次工業革命，所論的是允當。今天，企業經營似已面向「多國性公司」的發展途徑而努力。彼得‧德魯克 (Peter Drucker) 在其近著《管理學——使命，責任，實務》(Management: Tasks, Responsibilities, Practices) 一書中，雖認為多國性公司能否順利地發展，尚須尋求能維護世界經濟亦能維護國家政治主權而能和平共存的解決辦法，但杜氏確認為「多國性公司乃自二次世界大戰以來的重要經濟成就，也可以說是本世紀收穫最豐的社會改革」。今後史學家是否亦認之為第三次，或繼電子計算機的發明與應用之後，列為第四次的工業革命，想來者必有所評斷。

　　我國的企業經營在目前固然談不上發展到如歐美國家的多國性公司這一境界，但我與外貿合作經營的企業已日見增加，對於這一發展的趨勢不能不存個「心理準備」。而擴大企業經營，以革新管理，以降低成本，以增強對外競爭能力，而能生存發展，既為顛撲不破而必須遵循的法則，在我們的經濟發展而國家發展過程中，自也不能有所例外。更何況我國較大企業逃稅漏稅，甚至資金逃避者；中小企業侷限於人才資金與管理技術的落後，不能有所發展；企業與企業之間固無可靠可信的會計帳目，不能由聯合經營而逐漸蛻化為大型企業以增加生產力，擴大營運，增強對外競爭力，為我國外貿貢獻出基石的力量，可謂一切病根都是肇因於「家族公司」，使企業經營不能走上資本大眾化，資金證券化而然。「家族公司」焉得不竭盡所能予以打破。

　　所以，當前九項（或十項）建設，如果說是關係著我國經濟發展邁入開發國家的重要建設，在此同時，以獎勵方式來促使企業公開化、大眾化，將之列入九項建設同等齊觀，並不為過。且如打破了阻礙經濟發展，妨害工業化的瓶頸——「家族公司」，其在政治上、經濟上與社會上所發生的深遠影響與價值又有過之而無不及者。

　　四、

　　如何促進企業公開化大眾化，除行政院於今（六十三）年九月十九日院會所通過的獎勵投資條例，對企業公開者所訂各項獎勵辦法而外，中央日報本月十三日社論並建議採取四種途徑：即對新公司成立鼓勵其採取大眾化型態；對營利事業所得稅採優待之稅率：公司盈利用於增資在租稅減免可獲優惠待遇；以及為績優之家族公司轉變為大眾公司者給予榮典性獎勵。綜合上述兩項促使企業公開化大眾化的辦法，都在減免租稅與榮典獎勵範圍之內，且純屬「鼓勵性」措施，固可有所激勵，但是否能收立竿見影之效，尚待事實驗證。

　　鑑於民生主義「均富」「安和」的經濟政策是以平均地權，節制私人資本，發達國家資本為主要內容。「平均地權」在「耕者有其田」、都市平均地權方面均立有條例法案，而有土地改革的成功。「發達國家資本」在國營事業管理經營以至重大建設方面，亦訂立有相關的法令規章，致有既往國營事業的領先開拓，帶動了民營企業的勃興；今後將亦因九項建設的完成，成為國家發展的重心力量。然在「節制私人資本」方面，見諸於自由經濟國家如美國之反托拉斯法案，見諸於有社會主義色彩如英國的「國有化」法案，在我國內尚未見有類此必需而完整的法制規章。今有獎勵投資條例訂定促使企業公開化大眾化的獎勵辦法，縱然有論者視為「此係針對以未分配盈餘轉為增資配股時，不得享受緩徵所得稅的優惠」而發，又認為「今天許多大型企業或許願意化家族資本為大眾資本公司，然而權衡股市態勢已失其正常，也無不感覺殊屬難以插手介入」，所以主張「先應從復甦股市著手」（見十月十六日經濟日報）。所議不失為值得考慮的意見。另當別論。但在實現民生主義「均富」「安和」的經濟政策方面，有此項獎勵辦法的公佈施行，當是立下了極具意義的里程碑。語云：「道無術而不彰。」民生主義立有崇高完美的理想，能否徹底實現則有賴於切實可行的辦法。為促使企業確能公開化大眾化，捨「獎勵」辦法之外，仍似宜本諸民生主義「節制私人資本」的精神，考證先進國家的立法內容，循「立法」途徑，再行增訂必

要的法律條例，規定公司企業其員工與資本額數超過某一限度者，無論
新設或現存者，「必須」採取或轉變為大眾化公司組織型態。並訂定企
業經營能盡其「社會責任」者，頒授種種榮典獎勵的規章辦法，予以認
真而徹底地執行，則我們的經濟發展當可以真正達到利益均霑，成果共
享；為實現「均富」「安和」奠建堅固不拔的成功基石；如此的經濟發
展也必能如蔣院長所期望，「使之成為國家發展的基本力量之一」。

——原載於《新聞分析》第三十九號
民國六十三 (1974) 年十月十六日

十五、世界糧食危機因應之道

　　本（十）月十九日美國眾議院農業小組委員會在透露的一項工作報告中說，如果糧食生產不增加，人口方式不改變，全世界將發生饑荒。又指說這一切足以影響各階層的糧食危機，要比 1973-74 年能源危機的影響更大。此前，美國於十月三日中止與蘇俄一項將售予三百四十萬噸價值五億美元的玉米和小麥的交易。繼於七日美農業部長布茲宣佈一項「美國穀類出口自願合作制度」，要求穀類出口商對其出口交易應獲得政府的批准，使世人對「糧食危機」恐懼的程度有過於對石油危機者。

　　然又據華盛頓二十一日合眾國際社電報導一項未公佈的研究報告結論說，實際上並無世界性缺乏糧食的問題，它並將外國的饑荒歸咎於人為的價格結構，補貼，管理不善，政治決定和「廉價糧食」政策。此說確如該社所形容的實在「政治上具有爆炸性」，並可能使農業部長布茲難堪的報告。不過，就當前實際現象觀之，石油與糧食價格彼此激盪，相互高漲四倍至五倍，使產油的阿拉伯國家和世界最主要的糧食輸出國家美國以外的第三方面的國家倍受其害，其間可能有「人為」促成的因素，也確屬想當然耳之事。再如從下述事例中認識所知，所謂世界性糧食危機已不是有無的爭論，而是其程度深淺輕重之分而已。

　　第一，存量的銳減：聯合國亞洲與遠東區糧食組織，今年九月二十四日集會東京時曾提警告世界食糧的儲備量出現驚人的減少，目前正臨第二次世界大戰以來最大危險時期。此據統計，1973 年世界穀物貯藏已下降至接近一億公噸，今年將降至一億公噸以下，僅可維持三個星期的供應。

　　第二，供求失調：由於若干國家特別是蘇俄不惜以高價競相搜購囤積糧食，而影響了正常供需導致失調，助長了糧食缺乏的危機。

　　第三，生產減少：此因年來水旱災頻仍，已使各類糧食普遍減產，復因開發中國家無力購買高價石油製造肥料，缺乏肥料自無法生產所急

需的糧食，於是產量下降，危機盡見。

第四，人口急劇增加：此為增大糧食需求的主因。據統計，現在全世界人口年增長率為百分之二，以此為準，則每三十五年將增加一倍，到 2060 年世界人口將超過二百億。而世界糧食增長率僅約百分之二到百分之三，且係數學的增加率，但人口卻是幾何級數的增加。是故，此番美國眾議院農業小組所說者，世界糧食危機較之石油危機其「影響更大」，當謂言之有據。

台灣地區居民已超過一千五百六十萬人，每人每年稻米消費量平均以一百四十五公斤（糙米）計，全年稻米消費量約兩百二十六萬公噸，另需飼料、加工、種籽及損耗等約十七萬公噸，合計全年稻米總需要量約兩百四十三萬公噸（見余玉賢「台灣主要農產品及農用品價格變動分析」文）。去（六十二）年稻米產量為兩百二十五萬公噸，不足之數需以庫存量或進口來抵充。今年糙米產量估計可達二百五十三萬公噸，如果人口數量不再增加，當堪可自給，但無餘糧可資庫存以供國家緊急需要。又據統計，民國五十年政府掌握之糧源為六十三萬公噸，唯自五十九年後肥料換穀一再降低，至六十二年廢除肥料換穀制度以後，政府所掌握的糧源已大幅降低至二十五餘萬公噸，僅為一個月所需。今天面臨世界性糧食危機，各界對於政府已原則決定明年的稻米生產以不少於二百五十萬公噸為目標，並提高稻米安全存量為四十萬公噸，軍公教儲糧仍為五十萬公噸，同時決定以新台幣五億元作為興建與整修糧倉所用，無不認為是適時而正確的措施。但對於糧政以及增產之道，各方希望政府考慮採納之建議意見亦復不少。

首為糧政，亦即所謂糧食定義問題。本（十）月二十一日中國時報在其「如何建立正確的糧食政策」社論指出，「若言糧食政策，必先將糧食的定義確定」，同時認為「我們從世界糧食市場取得糧食供應之能力及可能性均甚樂觀，但廣義之糧食自給自足不十分可能」，因而主張「為求米之自給自足，及實行以糧易糧，並配合世界糧食供需趨勢，我們應全面從事糧食之合理增產，不能不顧一切盲目的追求自給自足」，

所論甚是。縱然我國民以米為主食，但「唯米是糧」的觀念與政策應有所轉變。此因稻米生產面積之增加有其極限，而在邁入開發國家之時，如果農業仍以生產稻米自給自足，不僅不能配合工業化同時並進，而在當前農民以漸漸重視「機會成本」(opportunity cost)，勉其作不經濟生產恐亦難於長久維持。再以國民生活水準越提高，人民對食品之質的要求也就越高，不但要好看 (looking quality)，好吃 (eating quality)，而且要營養 (nutritional quality) 與衛生 (sanitary quality)，特別是對後者為然。我國民在「食」的方面改進年有提高，民國五十年平均每人每日消費熱量為 2430 卡羅里，蛋白質為 60.34 公分。至六十一年即增至 2702 卡羅里，蛋白質增至 73.29 公分。其所以提高即是由於食物「質」的提高，以肉類、蔬菜等具高營養單位之副食取代了以米為主的澱粉食物。因此，為提高國民營養，更為發展經濟所必須，似宜及時積極發展漁牧事業，注重食品工業的擴張，而在不影響民食最低需求之下，儘量將農地種植經濟作物，如蔗糖、蘆筍、各種菜蔬，並建立農—工企業，一則可拓展外銷，二則亦可「以糧易糧」，換取我所需之食糧如小麥、黃豆、玉米等，當為因應當前世界糧荒之際，同時能兼顧我經濟順利成長的積極之道。

次為糧源的掌握。此可分收購與儲藏兩者。在國內收購米糧方面，自六十二年一月起廢除肥料換穀制度以後，主要是以田賦徵實為主，收購為百分之四十六強，故尚需採用其他適當方法向農民收購。例如最近無息糧貸，如合以合理價格，當能收到大效。目前美國有限度的管制糧食出口，據各方分析結果，對我供應所需的玉米、小麥、黃豆，不致有所影響。同時鼓勵民間籌設「海外雜糧公司」以提供農技與管理方式，協助華僑在農業生產方面投資以與有糧源發展潛力的國家進行合作，以開闢糧源，一旦促其實現，我政府糧源掌握自當更可無足堪慮。在倉儲方面，政府亦已決定撥五億元作為擴建糧倉之用，且撥有三十億糧食平準基金，無限制收購稻穀，然在目前，據報導，各地普慶豐收，而各地農會卻以缺乏資金週轉及糧倉爆滿為由，拒購新穀。分析其因所知，一為儲存泰米滯未出倉，再為保證價格高出於市價而使然。如屬事實，前

者原因容或可言，但無資金而拒購，而任令農民轉售於商人每公斤平白損失九百元，自有違糧食平準基金精神，更與提高安全存量掌握糧源政策相背，似宜責由有關主管部門檢討改進者。

至於新聞各界對於糧食增產所提其他意見，除涉及農業政策及農業發展，需另文分析而外，僅就其大要綜合申述如次：

第一，「上山」「下海」。所謂上山即山坡地開發利用，以擴大農業專區，種植經濟作物，特別是發展畜牧事業，以增加菜蔬肉類食物；所謂下海，乃為漁業的發展，以增加魚介類食物。

第二，防止廢耕。目前廢耕情形據去年底內政部會同台灣省政府抽查二十個鄉鎮結果，廢耕之地就有一千公頃，可見情形已相當嚴重。廢耕之因咸認有三：一為農民所得偏低而廢耕；次為已買下高等則農地，在未建築前，政府頒佈了農地實施限制移作建地而廢耕；再為土地投機者買下農地，繳納些微田賦而不耕作，以待價而沽。現在內政部正草擬「廢耕農地處理辦法」，計劃對廢耕者徵收三倍於田賦之荒地稅或照價收買，實施針對時弊的措施，似宜責其及早提出，完成審議公佈施行，對於增加糧食生產必具實際效益。

第三，改進農作。在當前仍以小農制為主的情形下，改進農耕技術以求單位面積之增產是為最正確的途徑。此有肥料之充分供應、種籽之選用、害蟲之防治、尤以農技推廣、以及適時提供倡導與協助的服務工作等等。此為眾相談論之點，但欲收實際效益，則有賴於各有關部門以「綜合性」的觀點，作共同之努力。

第四，比較利益。發展農業不能永遠囿限於糧食的自給自足，特別是「唯米是糧」的觀念和作法。而且事實上廣義的糧食自給自足，以台灣自然環境而言，實不可能實現。因此，在國內講求「機會成本」，以協助農民儘量多多種植經濟性農作物，已成自然趨勢，如果進一步依循「比較生產費用理論」(Theory of Comparative Cost) 而與鄰國友邦協議約定彼此合作，分別種植較有利益的農作物，「以糧易糧」，互通有無，既可在經濟原則下，開闢了可貴的糧源，也可因此種合作行動而使邦交

益臻敦睦，在政治上收到更大利益，當又為極其自然之事。

——原載於《新聞分析》第四十號

民國六十三 (1974) 年十月二十四日

十六、石油危機面面觀

一

從九月二十三日美國總統福特與國務卿季辛吉分別在底特律世界能源會議和聯合國大會同時發表演說，就石油價格不斷上漲問題，提出前所未有的強烈措詞，警告產油國家不可以石油作武器，繼續危害世界各國的經濟，威脅到低度開發貧窮國家的生存。於是石油危機的嚴重性、衝擊性又加深了世人對之關切的程度。

二、

福特總統就石油問題曾在一週內先後提出三次警告。第一次為九月十八日在聯大發表演說，警告原料生產國家特別是產油國家，不應將他們的資源用作武器。第二次為九月二十三日在底特律向來自六十九個國家的四千三百多位代表們所組成的世界能源會議明白地指陳出：「主權國家不能任由世界商品市場的人為壟斷和扭曲去操縱他們的政策或決定他們的命運。」又說：「全部歷史中，國家一直在為水、糧食、或陸上海上方面的通行等自然利益而作戰。」而認為，如果石油的價格與供應問題不能獲得解決，可能發生全球性戰爭的景象。繼於九月二十五日福特總統在歡迎義大利總統雷昂抵達白宮會談時再次提出警告，指出高昂的油價和其他通貨膨脹問題，威脅到世界經濟的穩定。

其間，季辛吉於九月二十三日在聯大發表演說更率直地警告阿拉伯產油國家說：「一個瀕於普通不景氣邊緣的世界，負擔不起目前的石油價格，更負擔不起繼續不斷的漲價。」並說，石油出產國有權作「公平的分享」，但偏高油價則不符合任何國家的利益。他認為：「石油的高價並不是經濟因素的結果，也不是實際產量的短缺或是供需的自由作用

的結果。」因而主張「政治因素所造成的油價上漲，也能由政治性的決定予以降低。」

不僅如此，除強烈的言詞外，繼世界能源會議之後，又由美、英、法、西德及日本五國財長於九月二十九日在華盛頓舉行秘密會議，據悉曾擬定一項對抗石油生產國家提高油價威脅的戰略。甚至建議，美國將拒絕降低油價的石油輸出國家實施糧食和武器的禁運，西方國家提高對石油生產輸出的產品價格，以抵銷油價的上漲；沒收石油輸出國家的資產；出賣以色列；軍事佔領等等激烈的報復行動。

三

美國為國際石油的漲價態度為何突然疾言厲色？據分析其因有二：一為過去的懷柔政策未見效果，二為以強烈的警告給世界一些激盪，使人警覺到問題的嚴重性。但是否有成效呢？今年九月三十日工商日報社論認為石油對抗在第一回合中已在攻心的戰術上發揮了作用。其實，這些警告與嚇阻行為也可能僅止於心理上發生作用。至於美國會採取「軍事佔領」等等強硬手段？正如美國國防部長斯勒辛格表示：「未考慮任何此種行動。」即使強硬的言詞和態度也有其危險性。

例如貝魯特的「夏洛報」以「美國警告阿拉伯國家，對石油以核子戰相威脅」作標題；石油輸出國家組織 (OPEC) 秘書長凱尼嘲笑說：「欺騙他們自己和其餘的世界。」科威特石油部長沙林也不屑地說：「讓福特總統暢所欲言，盡量傾吐吧。」伊朗國王於九月二十六日在全國記者聯誼會餐會上更明白地宣稱：「沒有人能夠指揮我們，沒有人能夠對我們頤指氣使，因為我們將還以顏色。」

四

原油在去冬第四次以阿戰爭以前每桶售價僅三元六角五分美金，現

金高達每桶十一元六角五分，又要抽增稅百分之三點五，勢必轉嫁到用戶。今後可能還要以每月百分之十的比率繼續漲價，還要提高產油權利金，提高通貨膨脹補償稅，更要實施減產以維護高價。要求原油減價希望實在渺茫。此因阿拉伯國家，正如敘夏克沙報所說：「僅要求降低油價，而不抑低數百項其他日用品及重要製品的價格是不公平的，何況那些日用品及重要製品的價格已漲了數倍。」所以 OPEC 秘書長凱尼對於福特總統的警告「甘冒著世界全面衰退，並勢將使世界秩序與安全頻於崩潰」而「不以為然」，認為「對於全世界所發生的事務，不應歸咎於我們」，此說也不無其因。例如從今年初至九月底為止，世界石油基本公告價格一直在維持去年所訂的十一點六五美元一桶的標準，未曾變動，何以各工業國家的通貨膨脹率繼續不斷上升？又何以在去年十月戰爭石油價格大量上漲前，各國的通貨膨脹也一直存在？

眾所週知的是，造成石油價格飛漲的起因為以阿糾紛，但加速促成的通貨膨脹又成為油價高漲的論據。要降低油價，除了發現新的能源或則核能成為主要動力，也只有寄望於以阿糾紛合理的解決與通貨膨脹有效的戢止。前者要如沙烏地阿拉伯石油部長雅曼尼於十月二日在華盛頓說：只要以色列退出 1967 年以來佔領的阿拉伯領土，沙烏地能勸服所有阿拉伯產油國大幅降低石油價格。再如通貨膨脹戢止，物價平穩，生活指數不再上升，油價也自然無由再行高漲。

關於調解以阿糾紛，季辛吉此番中東之行結果，尚未有具體成效。即使以阿糾紛可以順利解決，阿拉伯產油國家在政治上再無理由實施禁運、減產、漫天要價。但通貨膨脹依舊不能有效戢止，正如法國總統戴斯亭對於世界通貨膨脹的看法，它是由於需求過高，由於原料成本，受鄰邦經濟與匯率牽帶，以及工資與物價形成的螺旋形相互上漲等等因素所引起。工業國家的基本經濟病症，並非完全由於高價石油一項因素所引起的，則 OPEC 為收入保值計，更為石油依現行所知蘊藏量及消耗量推算，在今後五十年到七十年，將見其枯竭，焉得不要求漲價。

至於消費國家合作來抵制油價的高漲，由於現實利害各不相同，更

為彼此保證的基礎不固，很難作到推心置腹地團結一致。以十二最大石油消費國家為例，其在布魯塞爾協調，一旦緊急情況發生，將彼此分享能源，美財政部長班奈特尚且說，每一個國家在作決定之前，有必要知道其他國家準備如何節約能源。至於有如日本採取「石油外交」，法國與阿爾及利亞個別簽訂長期購油合約的行動更不必論說了。所以，在以阿糾紛不能合理而「令人滿意」的解決，通貨膨脹也無法戢止，更沒有其他能源可以取代石油的情境下，則福特總統的警告只是徒費唇舌。所提五原則仍是具文。其可行可見的解決辦法可能有二：一為各國只顧一己的利害而自求多福地節約能源，尋求能源，來個別解決自己的問題；另則為如阿拉伯國家所說，在現行原油價格合理水平之上，依通貨膨脹率逐月升高，即如 OPEC 專家克希尼於九月二十四日在維也納宣稱，如果世界性的通貨膨脹率是百分之十二，則每月升高價格百分之一將是「可行的」。或是如伊朗國王於九月二十六日在坎培拉提議的，依據其他二十種或三十種商品價格指數，建立一項固定的世界石油價格，或如阿爾及利亞在能源會議宣佈的，根據工業化國家生活消費指數為油價準據的長期供應石油簽訂合約。

五

從以上種種事實因素分析所知，當前石油之戰至少反映了三項值得注意的情況：此即政治的影響、經濟的危機以及共產主義的陰謀。

據華僑日報今年九月二十五日社論認為，今日石油危機一切成因皆是「美國一手鑄成的大錯」。亦即是季辛吉過於相信蘇俄、向蘇俄下跪的「對蘇外交」，與對以色列作有限度援助，甚至阻止以色列大軍進入大馬士革的「中東政策」，使俄共勢力伸入了阿拉伯國家有以促成的。此說縱有偏頗，但政治因素影響及於經濟的發展，政治關係與經濟利益密切而不可分確是事實。觀諸石油禁運，繼之價格大幅上漲種種危機始於去年十月第四次以阿戰爭；如今沙烏地阿拉伯石油部長雅曼尼於十月

二日在華盛頓對記者稱：「我可以向各位保證，假如我們能夠解決這一（以色列）問題，石油價格將會降低。」又說：「現在就要看美國了，以色列的力量的唯一來源是美國。」當是具體證明。

在經濟方面，石油危機如不獲合理解決，則世界性通貨膨脹將如火上加油日見蔓延，國際性蕭條跡象將如快馬加鞭迅速出現，但已可見之「災禍」至少有下列諸端：

就國際金融以言，根據世界銀行所作石油輸出國家組織積聚能力的估計，三年之內將達六千五百億美元，至 1985 年將達一萬兩千億美元，如果成為事實，則世界上許多國家政府和工商業勢必難逃中東各產油國的操縱、控制。以目前而論，歐美各國收支無不普遍惡化，義大利有瀕臨破產的情勢；而 OPEC 突然有巨大盈餘出現，對銀行制度造成了困難，且因投機倒背形成了「銀行危機」；對先進工業國家的國際貨幣和商業市場也構成了危害性的重重打擊。他如美國一旦成為油元回流的主角，對於歐洲美元市場機能的麻痺與赤字疊疊瀕臨破產的國家又無適當資助方式，國際金融危機的程度勢必加深加劇。此其一。

就資金以言，各國因能源負擔太重已赤字疊疊，為發展其他的能源又增加了對資金的需求，而油元又不能直接投資於有收支赤字的國家。正如關貿總協定 (GATT) 於今年九月間預測報告，全球經濟因需要龐大的資金用於調整，如工業結構的實質改進以及社會優先秩序重新安排，故可能面臨一個資本短絀的時期。此其二。

就國際市場以言，OPEC 突然增加的油元財富，根據世界銀行估計，1972 年度收入為一百四十二億美元，1973 年增至兩百二十三億美元，至今年預測有高至一千一百五十億美元，且石油消費國的美元仍繼續如洪水般地流入 OPEC。而 OPEC 因人口稀少，須從工業先進國家輸入為數有限，於是石油美元大部份存入歐美銀行，形成「銀行危機」，如果 OPEC 運用這些財富從事投機，則擾亂世界市場其嚴重性實不敢想像。例如過去九個月中，以伊朗和科威特為首的石油國家花了十億美元搜購食糖囤積居奇，致使食糖的零售價格以及數以百計以糖為基本原料的產品成本，

正作破記錄的猛漲。此其三。

　　就世界糧荒以言，據美國加州大學食物科學家於九月九日在其「飢餓的世界——向農業挑戰」報告中說：亞洲非洲和拉丁美洲出現可怕的饑荒，這些地方可能有數百萬人就要餓死，此因世界糧食的儲量以及賴以促進農業生產所需肥料的儲備量目前降於自二次大戰以來的最低點。而肥料不足，其要因之一是為油價的暴漲，缺乏糧食的發展中國家，無力購買更昂貴的肥料。所謂「綠色革命」由於缺乏肥料的支持也趦趄不前。此其四。

　　然在石油危機爭戰之際，另一最重大的禍亂根源是為中共藉石油危機進行統戰陰謀。此據香港時報九月十四日社論報導，九月九日李先念對奈及利亞利戈溫致詞中就說：「廣大第三世界國家出於共同利益，正協調步伐，堅持團結，紛紛以石油和其他原料為武器……中國政府和人民堅決支持第三世界這一正義鬥爭。」在當前石油爭戰情勢中，產油國家頗能團結一致，而石油消費國家則因彼此利害關係不一，迄今尚未見有具體而有效的協議行動，確予共產主義者煽動世界一切開發中國家的大好時機。所以共產主義者叫囂「發展中國家對自己的自然資源享有行使和永久主權」，煽動「發展中國家應建立各種原料輸出共同組織進行聯合鬥爭」。事實上，中共早以石油作餌，軟化若干國家反共立場，如1973年九月日本與中共建交，上月菲律賓第一夫人訪中國大陸皆是其成果。再如中共以產油國自居，而「擠」入阿拉伯產油國家組織，在產油國與消費國家之間，能左右逢源地分化離間，歪曲操縱，不僅「天下大亂」，恐怕中共世界革命的實現更將隨心所欲了。民主與非共國家為了石油，在所謂鷸蚌相爭之際豈能不慎防共產主義者趁機居間得利，而使全球人民淪入魔掌，盡受其困。

　　　　六

　　我國台灣地區所需石油百分之九十八以上都是從國外輸入。從去年

石油危機發生以來，因高昂的油價所受的衝擊已相當沉重，如物價上漲指數偏高；四百三十家以上的中小企業宣佈停工停業；投資設廠數較前降低；若干製造業出現不景氣現象和隱藏著有被迫停工的危機——此即電子工業如非因航空運費率維持最低水平，打消美國人所投資的三十餘家電子業公司停工撤廠的意圖，否則所雇用十三萬工人就立即失業。最近國際油公司將自明年一月起增加稅金每桶原油三十三分。果爾：我國油價支出將又增加四億四千一百餘萬到八億八千兩百餘萬元。這筆負擔究作何消化，由中油公司，由政府抑轉嫁到消費者大眾，又為目前所將面臨的問題之一。

我們在當前石油爭戰危機中如何善為肆應，記得筆者於去年十一月十八日在本報以「能源開發與國防工業發展」為題，抒陳拙見，不復弁言。今後，筆者認為，首在政治方面似應及時考慮到我們的政治立場。即目前產油國家以沙烏地阿拉伯國家為首要，消費國家以美國為最力，此兩者國家皆為我最親切而極重要的有邦交的國家，如果以美國為首的石油消費國家能與以沙烏地阿拉伯為主的產油國家直接和平談判求得合理的解決途徑，自是眾人之福。可是如果雙方由呼籲警告，唇齒相對，而至相敵對抗，互不相容的地步，我國能採取「中立」嗎？如不可能，其在政治立場上將何去何從，自不能不及時「杞憂」及此。同時中共在其間以石油為餌，以孤立我國為目的，在中美邦交之間，在與我友好國家之間進行分化剝離，製造矛盾衝突，我政府又如何善為應變，自為亟需籌謀以對之事。

在經濟方面，要為有限之外匯存底如何善為運用以及經濟發展方向之調整與適應。此因舉世通貨膨脹束手無策，而石油價格不斷上漲，產油國家驟增的財富助長了國際金融危機，我有限之十餘億外匯存底稍受些微衝擊，必然損失無存，如何善為運用，諸如以之作為「原油期貨交易」的資金；以之用於十項建設；以之用於工業結構的調整和生產資材的投入等等皆宜有所考慮。至於所謂經濟發展方向的調整與適應，亦可稱為經濟的安全措施，諸如內銷市場的開拓；工業產品的多元發展——

不僅要求創新的產品來開拓「獨佔」的市場；也須重視形式的轉變，俾能迎合新的市場等等皆是。

由於我國核能電廠至 1976 年始可望其開始作業，即使至 1983 年第六座核能電廠亦開始發電，其在石油需要方面僅是電力所需油方面由百分之三十五降至百分之二十五。但我國對能源的需要平均每年的增長率為百分之十，所以核能電廠的建立尚未能完全解決我們的能源問題。最近國內外均報導我在高雄附近的海床已發現了更多的天然氣，甚至石油，當是極其振奮人心的喜訊。但在舉世能源危機重重情境下，自須更加珍惜地利用。因此，及時淘汰需求過多能源的舊有工業，以轉變生產結構，仍是政府與產業界合作努力實現的重大措施。而響應政府節約能源的號召，則是為我們每一國民必須躬行實踐的要務了。

此外，現在我與沙烏地阿拉伯無論是政治或經濟關係，至為敦睦密切。我正以協助沙國發展電力、建立肥料廠、煉油廠、石油化工業，以至進行農、漁業合作，今後確保油源無缺當屬自然之事。設再能經由政府與民間工商界的共同努力，爭取得沙國等巨大財富油元，使之投入我們的生產建設，則所謂「因禍得福」，蒙受其利，勢必無法估計，可以定言，斯又為至願拭目以待者。

——原載於《自立晚報》
民國六十三 (1974) 年十一月十二、十四、十五、十七日

十七、全面合作度過經濟難關

一、

中國時報於本（十一）月二十二日就本院繼十四日所公佈的十四項財經新措施以後，又頒佈三項金融方案而發表社論，呼籲「政府與工商界全面合作度過經濟難關」。該報認為目前工商界所面臨的困難是屬於國際性的，須以非常手段，當機立斷方式辦理，否則將發生嚴重後果。故希望政府方面要防止不肖份子利用漏洞騙取巨額貸款；而受到政府保護和扶植的廠商應當從行動力求圖報，以度過難關。

關於十四項財經金融新措施與三項金融方案公佈後，各界無不稱頌而同表支持。然各方建議意見亦復眾多，其為各方所一致關切者，一為寄望政府有關部門如何有效而徹底執行這項新措施毋使其變質；一為如何進一步採取更積極措施，以協助業者開拓外銷，謀求經濟發展。對前項建議意見，院長已於最近一次院會中有明確指示，要求各有關部門注意辦理，不復贅言。至於如何協助工商界突破外銷困境的有效辦法，其為眾所爭論的焦點是為再行降低利率與考慮台幣貶值以降低業者生產成本，庶可提高對外競爭能力而扭轉貿易逆差，尚待慎重考慮有所抉擇。

二

要求降低利率是為工商界一致的呼求，認為「再度降低利率，不僅可降低生產成本，且可促進投資的增加，為阻止明年經濟衰退最重要的力量」（六十三年十一月十五日經濟日報社論）；「如顧及儲蓄，未便一時作存放款利率的全面降低，亦應運用選擇性信用政策，對外銷貸款利率做特別處理」（六十三年十一月十五日聯合報社論）；「對出口融資巨幅降低利率至適當程度，例如百分之八左右」（六十三年十一月十

八日中國時報社論）。且有主張「利率為重要指標，中央銀行應擺脫對利率的直接控制，建立自由的貨幣市場，使利率能自然地反應資金的供求」（六十三年十一月十八日中國時報）。一般認為利率降低後，第一可緩和廠商積壓的利息負擔不致被迫削價求售，得以耐心等候全球工商界「河清」之日。第二，有助於政府積極鼓勵的資本密集工業。第三，可增加貨幣供給量，提高有效需求，繁榮工商（六十三年十一月十七日中國時報）。

至於調整匯率則有正反不同的兩種看法。主張貶值者要在認為目前外銷遭遇困難主要是由於對外價格較高，而價格較高的原因，又由於我國匯率歷久不變，而別國家卻多次調整匯率（六十三年十一月十五日中央日報）。此因在不同工業國家之間，如工資與生產力水準的相對關係不變，其競爭的大小，大部份取決於匯率（六十三年十一月十七日經濟日報）。例如造成對日入超迅速擴大的重要原因之一就是由於新台幣的高估所致（六十三年十一月十五日經濟日報）。如果不作適當調整，無論目前之短期利益及以後之長期利益均將受損，而最後仍須調整，反不如目前當機立斷，將新台幣貶值至百分之五至百分之十（六十三年十一月十八日中國時報社論）。甚至認為外貿逆差如繼續擴大，工業因不能圓滿地完成再生產過程，而引起更大之倒背及失業增加，百業受累，物貨匱乏，大量逆產，物價亦會上漲，陷入「不景氣的膨脹」，治理更難（六十三年十一月十七日經濟日報）。

調整匯率可以直接使外銷獲利，但是相對的卻不利於進口，可能刺激物價，有違經濟穩定政策（六十三年十一月十五日中央日報）。而且各國均處於「停滯膨脹」中，國內存貨均如山積，拓展外銷唯恐後人，如我國採貶值政策，他如日韓也會跟著貶值。何況小幅貶值以降低價格是否能夠發生大幅擴張出口的效果，不無商榷餘地。而新台幣貶值後，勢將增加進口物資的外匯負擔，促使國內物價上漲，使因貿易條件惡化而下降的國民經濟福利水準更見下降。特別是目前因十項建設的進行，所需資金兩千餘億元，半數向國外舉債，新台幣貶值將使上述對外借款

的債務負擔相對加重。復以十項建設過程中所需大量進口設備物資的成本提高，亦必沖銷貶值後對外貿的好處（六十三年十一月十四日經濟日報，十一月十七日中國時報）。

三

此外，因財經新措施的公佈，工商界希望於政府協助其突破外銷困境，尚有下列各項重要的建議意見。

（一）調整租稅。主張對進口加工外銷的基本原料一律免稅；減少消費稅稅目並降低稅率，停止證券交易所得稅（六十三年十一月十五、十六日經濟日報社論），甚至擬議中對營利事業資產重估其增值資應依所得稅法規定辦理亦有建議從嚴考慮慎思者（六十三年十一月十八日自立晚報）。

（二）擴大融資。新財經措施是以金融政策為主，其執行成敗完全操在各行庫之手。所訂責任輔導與聯融資金辦法希望充分發揮服務精神來實施（六十三年十一月二十二日中國時報社論），不要因「昌貸案」與新舊年關而保留餘款影響融資（六十三年十一月十四日經濟日報）。對於負債多於資產的公司，除非是面臨破產等嚴重情形，中央銀行似乎也應另訂融通的辦法，以及資產多於負債，其「多」的標準應有明確比率俾有所遵循（六十三年十一月二十一日經濟日報）。至於購儲鋼筋、鋼錠以替業者存貨找出路，其資金來源與盈虧問題，如價格、保管、去路等等要有詳細計劃，以利執行（六十三年十一月十七日經濟日報）。

（三）挽救股市。除了一致希望免徵證券交易所得稅而外，並認為台幣貶值，中央銀行降低準備率放寬信用，以公開發行公司之業績、庫存、財務情況，對於挽救股市皆有直接與間接的效能（六十三年十一月十七經濟日報）。

（四）採取更積極的措施。如政府支出方面要能創造有利於工商業發展的環境；擴大公債發行，加速推行十項建設；預算要重視經濟的效

果，積極期求國民經濟實益的平衡（六十三年十一月二十一日經濟日報社論）。特別是建議政府加強蒐集各地商情，把握商機，主動爭取市場以拓展外銷（六十三年十一月十五日聯合報），皆是紓解商困，恢復景氣的重要之圖。

四

依各方意見分析所知，當前工商業者最大困難一在存貨堆積如山，無法外銷，一在資本積壓融資困難而面臨減產、停工以至倒背的情境。造成困難的主因，外在於世界各國普遍陷入「停滯的膨脹」，而競相出口；內在於業者盲目地大幅度擴張增產所至。此番財經新措施公佈實施其可能獲致的成效將如何，有謂「可使工業界獲得一點喘息的機會，並不能克服當前的困難」（六十三年十一月二十一日經濟日報）。但上述各方建議是否皆應為政府所採行；亦復見仁見智，自須慎加周詳考慮。如果從整體觀點分析，其本諸全面合作度過難關的可行方策，可歸納為下列數端芻見說明之。

第一，降低成本要以改善管理為主要手段。

論者所建議降低利率，調整匯率，對外確可降低業者生產成本有利於外銷的競爭力，但並非唯一可循之正途。因為完全依賴於政府金融政策以及財政上免稅減稅的種種保護優惠，並不能增進其對外真正的競爭力。而且大幅度降低利率，調整匯率後，國內物價必受波動，極大多數薪資所得者生活越失其保障。在對外競爭方面，如此小幅度調整後，在世界經濟普遍不景氣情勢中是否能真正發生效力？又怎能保證他國不致採取同樣方式而惡性競爭彼此受害益烈？據分析所知，生產成本所以提高，由於在國際搶購物資之際，大量高價進口原料或囤積居奇或盲目擴張為要因之一；而抱靜待觀望態度，不願以較低報價外銷產品，亦為存貨堆積如山的成因。所以降低利率與調整匯率有降低成本可能，但絕不能以之保證可以對外提高絕對的競爭能力。從經濟發展歷程以觀之，資

本家生產者利潤的獲得最初是以「低工資」、「長工時」、「高售價」為主要方式。但從政府採社會立法，干涉主義興起，導致產業革命，生產者則無不講求科學管理以降低成本，以利競爭，以增加利潤，惠澤大眾。今日，世界貿易壁壘重重，互惠要求不一而足，而我台灣地區所謂海島型經濟，資源不足，產品原料多仰賴輸入，利潤悉由半技術加工出口的勞務報酬而得，其有賴於致力經營管理的改善以降低成本，實是切需而根本的要圖。如果再能著重研究發展，以創造新產品來開拓他人無法競爭的獨佔市場，則我們的經濟發展必可承受任何外來的衝擊而可自保，而能繼續順利成長。所以，如何促使工商業者普遍而徹底地掀起改善管理降低成本運動，似有責由有關部門及時策劃推動的必要。

第二，擴大融資應以靈活股市為首要之圖。

新財經措施要在為擴大融資以紓商困。目前，多數公司負債比重皆非常之高，且百業皆呈停滯狀態，需求融資者不可勝數，政府難能擴大融資普惠及每一業者。如採自由利率、浮動匯率以自動調整金融，基於考慮因素太多，條件未具，自不便立可實施。所以鼓勵儲蓄轉為投資以活潑金融；便利業者資本形成，以發展企業，亦即設法——甚至採優惠方式以振興股市是為最正當途徑。

振興股市之道，除防止大戶操縱投機之風而外，應盡一切可能之優惠辦法，諸如暫緩徵稅，對有股票上市之公司可優先融資等等皆可考慮實施。目前有股票上市的公司不到六十家，對如此狹小市場，以政府的督導與獎掖，使其振興，不致有何困難。即使對這六十家有股票上市的公司特加優惠，對於鼓勵工商業者打破「家族公司」競相公開財務，發行股票，走上資本大眾化，資金證券化，必大有助益；防止逃稅漏稅，健全經營管理，亦可立見效益。果爾如此，無異是我國「產業革命」，不僅剷除了邁向開發國家的障礙，也為民生主義「均富」理想的實現奠建更穩固的基石。

第三，合作外銷宜以國營事業作開拓前鋒。

合作外銷為業者所一致呼求，也為事實所必需。而今後如何突破困

境，皆在於如何打開外銷以為斷。但如業者財務不能公開，同業相忌，彼此惡性競爭，欲求有組織有計劃有目的地「合作」外銷，一時難見大效，可以預言。國（公）營事業無論在組織、營運方面，均較一般民營企業為優。如果以國（公）營企業為中心，在國內結合相關廠商建立生產與服務組織體系，以減少浪費，計劃生產；對外則組合各個外貿公司團體，有計劃地逐步建立世界性貿易網，以擔負開拓市場，採購原料，以及協調處理一切有關對外貿易事務，則合作外銷自必較易推動實現。國營企業在此如能善盡這一領導開拓的功能，一旦健全了組織，確立了制度，固可突破當前外銷的困境，也可能由此創立了民生主義「混合經濟」體制，為社會大眾謀求得更多的福祉。

第四，突破經濟困境當以適應情勢為變革的準則。

在現行產業結構下，擴大融資，降低成本，以利對外競爭，皆為消極濟急的辦法。觀諸石油危機衝擊未平，原料採購亦漸受托拉斯聯營的箝制，而糧食短缺，更威脅及世人生存，各國無不處於所謂「停滯的膨脹」情境中，世界經濟是否能在短期內復甦，經濟學家皆無確切證言。因此，以往企業界所一致相信「輸出將永無止境地成長」的情境自必不易再現，而現行經濟結構，生產組織今後又是否能適應已大為變遷的情勢，亦屬須加關切之事。例如所謂「夕陽西下」的產業，或則面臨困難最多的產業，即使充分便利融資，盡力協助，是否能使之有所發展，對全盤經濟有所貢獻，甚難確定。論者有謂此時不宜淘汰邊際產業，以免引發社會問題，但情勢迫使停業，又何能保持現狀。所以，紓解商困之同時，當就善後應變與積極作為雙方面有所策劃，前者如對失業工人輔導其轉業投入另一生產建設體系；倒背之產業協助其與相關產業合併經營；後者，要在適應情勢，發展有利外貿的生展事業。如糧食之增產，糖業之大量投資，全力發展，皆是為實例。

五

　　據近期「美國新聞與世界報導」透露，美國政府將對年入十五萬美金者課以百分之五的「附加稅」(surtax)。西德在石油危機發生之初即對高所得者徵收百分之十的「安全捐」。我國租稅結構實有改進之處，但某些應改進的稅目終因有固定「預算」用途，就財政所需，實無法一時予以轉變。他方，工商業者對政府有申請輔導協助的權利，但對國家全盤經濟發展也應有特殊貢獻之義務。然在去年底今年初，當石油危機正烈，國際搶購物資風潮緊急之際，百物騰貴，民生疾苦，但生產者無不利市百倍，賺得過多甚至不當的利潤，並未見有業者自動捐輸，惠及升斗小民大眾，而高所得者反有逃稅漏稅之事。正如二十二日中國時報社論呼籲：「政府與工商界全面合作度過經濟難關」然，也可考慮徵收高所得「附加稅」或「安全捐」，即使不便普遍徵收，但對受政府融資優惠之工商業如賺得利潤超過某一數額者，得課以「附加稅」，當為合情合理之舉。以此稅收用於建設，用於增進社會福利設施，則紓解商困與照顧全民利益當可兼達，似宜在貫徹新財經措施同時一併加以考慮，作為恢弘民生主義「均富」精神的另一具體可行的方策。

——原載於《新聞分析》第四十二號

民國六十三 (1974) 年十一月二十五日

十八、當前農業發展中心課題的探討

一

關於當前農村建設與農業發展，其需研討之問題實不勝枚舉，各方抒陳所見亦可謂鉅細無遺；而如何解決農業發展之困難，也一直為政府各有關部門所關切。尤其從蔣院長頒佈加強農村九大措施，並先後撥出十八億兩千萬與二十億元台幣作為農貸和支援農村之用，實施以來，所收成果至為豐碩，但阻礙農業發展的瓶頸尚猶待設法予以打破。探究實際問題的癥結所在，可將之歸納為農業生產組織型態；農村人力轉移；以及經營企業化三事。如以此三項懸為中心課題，則目標簡明，力量集中，一旦排除艱困，打破瓶頸，則建設農村，發展農業，皆可望其圓滿達成。

二

所謂農業生產組織型態，即是改採大農經營，以推行機械化，使農業發展邁向現代化的課題。

言及農業機械化早已推行多年，但成效並未盡如理想，實有客觀的困難因素。就一般而言，機械化耕作為大農制所採行。雖然「大農制」一詞難於確定其含義，有指四五百英畝者，有指一千英畝以上者。台灣可耕之地面積甚少，且多為丘陵地、山坡地，如依當前農村土地分割零碎現況，欲採大農粗放式機械化耕作，自不太適宜。而且，推行農業機械化除了土地條件之外，還須基於下列要因：

（一）勞工缺乏，工資高昂，須以機械代之。

（二）有大量投資之需要。

（三）有大幅度技術改革之條件。

（四）管理效能相當良好。

（五）商業化農產品有國內外市場。以及

（六）經濟發展趨於工業化。

因此，所謂農業機械化並不只是要農民購買一兩部耕耘機、收割機就算達成。我們是否已具備上述各項條件，可以不予探究，但推行機械化時，其他各方面的條件必須能配合起來才行，此即所謂 Mechanization must bein the condition of other things being equal。

三

眾所週知的是，當前本省推行農業機械化，其最大的障礙是為耕地分割日趨零碎分散。農民所擁有之耕地面積平均每戶僅為一公頃，且百分之三十八的農戶耕地面積尚不及半公頃。如果要求每一農戶皆自購農耕機，捨農民有無負擔能力？願否負擔？以及是否有使用機械化的常識等等問題不談，購買了也屬一大浪費。即使目前所提倡的代耕制度，亦「規定申請代耕者，其面積至少須在二十公頃以上，而且田坵崎形者則不代為收割」，可見其困難所在。至於實施代耕，又如何集合數十家農戶齊一行動？農忙時有多少代耕公司可以支應申請？代耕者是為農村實際耕作者？抑是來自農村以外的農業「技術人員」或「專業人員」？實施了代耕則農村現有之勞力又如何運用？所以代耕制度在當前小農制度下，並不能徹底實現農業機械化的目標。至於山坡地、丘陵地、海埔地以至山地農業是否便於機械化的推行，實際問題尤多，自不待言。

在農業生產組織型態方面，就目前所已設立的二百零六個「農業生產專區」而言，確能符合經濟原則地建立與使用農村的公共設施，增加了貧苦地區農民收益，也提高了農民耕作的興趣。但總因專區組織成員過多，合作行動不易，而且專區未予普遍設立，致有「區內」「區外」之分，優惠農民就不一致而引起「厚此薄彼」的議論。實際上「農業專區」也無法蛻變為大農經營制，便於機械化耕作。

　　現在農村中又有各種經營型態的農場，要如合作農場、共同經營、企業經營、委託經營等等，耕地面積是可因以擴大。但據分析，此類合作農場與農會系統農民組織有「對立」形勢。而各種農會之下的班隊組織是由計劃而產生，隨計劃而結束，使共同作業缺乏自發性與持續性，成為當前專區發展的「瓶頸」，自己無法循區域性綜合開發，作到「地盡其利」，發揮整體經營的功能，使農業發展邁向現代化。

　　　　四

　　基於以上探討，台灣地區農業機械化的推行，其必須考慮的因素是為自然環境地理條件的適應，和農業生產組織型態的變革兩者。亦即在山坡地、丘陵地、海埔地，以至山地農業，可就其土地特性和自然環境條件，以設置「農業專區」為主，指導其共同合作經營，種植具有高度經濟價值的特用作物，並盡可能同時發展農林畜牧，以收地盡其利。由於特用作物以密集耕作或栽培為尚，且收入較高，當可維持現行農制。而在「嘉南平原」、「蘭陽平原」，甚至「台北盆地」，以其地形較為平坦開闊，當應徹底實施重劃，予以合併，使成為大農經營，便利推行機械化，實是農業發展最有利的途徑。不過，採大農制經營，擴大農場經營面積，此與現行耕者有其田政策可能難於相符一致。所幸，去年九月三日公佈實施的「農業發展條例」中曾就此問題考慮結果，對已開發的農業地區仍維持耕者有其田政策，避免農地為農業企業所壟斷，對尚待開發利用的農地鼓勵農業企業機構或農業團體投資經營，以期迅速增進農業生產與成長。今農復會又擬會同政府有關機構研訂農業合作法草案，採納公司與合作社的優點，以建立大規模農業合作制度，使當前小農制度做到大農經營，達到最高經營效率，如果順利施行，不僅是劃時代的重大舉措，也為我「第二次土地改革」開闢了成功的坦途。此所謂合作對象，在未開發地區部份，則因農業發展條例中已有規定，可採企業化經營，法有所據，想無須再議。問題在於已開發地區，亦即在如何

不影響農地所有權，不有違耕者有其田政策之下，由合作制度而轉變為大農經營。故應考慮者其要似應為下列各點：

（一）經營之合作農場以由自耕者所組成為原則，其面積得依區域開發計劃核定可擴大為三公頃以上。

（二）為防止土地過份集中趨向商業化，有違土地國有與「均富」政策，除國家經營之農場而外，宜訂定最高「限額」數，俾有所遵循。

（三）納入「合作」體系之農地，宜將土地所有權，以土地面積與等則為單位，化為「股權」以保留其所有權，但耕地之經營作業自主權應歸之於合作組織，俾便統一規劃合併耕地，便於實施機械化作業。

（四）合作農場組織在民主方式下，本權利分享，義務分擔原則，統一管理產銷，所得利潤則依每戶「股權」數平均等分之。而參加耕作之農民，因每戶人數不等，故以每一勞動力另計工資所得。

（五）農戶耕地一旦納入「合作」體系後，其耕地所有權只能轉讓於該合作組織或政府。土地繼承亦以「股權」為限，不得請求耕地之收回自耕。

（六）規定所有農戶耕地必須納入合作體制，並在政府指導與協助之下，作區域開發，行整體經營。

五

當前農業發展的瓶頸，一為耕地面積日益分割零碎，無法推行機械化，使農業邁向現代化有利於經濟整體發展。再則是農民所得較之非農民所得偏低，農民耕作誘因普遍低落，使農業發展面臨困境。其所以如此，皆是肇因於過多農民依賴於有限之耕地。惡性循環，困難益增。所以實施農業合作制度，以實現大農經營，使農業發展邁向機械化、現代化，皆有賴農村人口之轉移於非農業部門。

據統計，當前台灣農戶人口由四百餘萬人增加至六百餘萬人，侷限於八十萬公頃農地上，平均每一農戶耕地面積約僅一公頃左右，而實際

上耕地面積在半公頃以下者高佔百分之四十，加之專業農戶日益減少，由四十九年百分之四十八降至五十九年為百分之二十八，對於農業生產力皆有極大的影響與阻礙。近十年來農村人口移向都市約達八十萬人，但所移出之勞力多為年輕力壯者，其結果反使農村勞力缺乏，使農村發展增其困難。今後如何以正常而有計劃地轉移農村人口，減少農戶，俾使有限之耕地能由較少數農戶農民合組成較大型適合於機械耕作之合作農場，當是今後農業發展邁向現代化的中心課題。此據余玉賢先生於十月三日在中央日報發表之「擴大農場經營規模途徑的探索」文中曾舉出「送走農民」、「調走農民」、「帶走農民」、「稅走農民」、「買走農民」諸般途徑。但如欲送走農戶農民以使目前一公頃農場擴大為二至三公頃，其所需時間從五十年長至一百五十年者。而且關鍵問題猶視諸公商界每年是否能提供兩萬個就業機會。所以擴大農場面積，期使農業機械化現代化，非僅著眼於農業部門，從農業部門自身努力所能盡其事功者。

復因農村人口如何順利轉入非農業部門，固然視諸非農業部門能否提供相當的就業機會，亦視諸勞動者自身就業的能力。所以有計劃有步驟地訓練農村農民待轉業的技能，實又為成功的關鍵所在。際茲九項建設亟需大量人力，如能及時配合以消化農村「剩餘」人力，當是兩全其美的途徑。

　　六

再次為農業經營企業化的問題。轉移了相當數目的農戶農民，擴建了「大」的農場，尚須合以企業化的經營方式，農業發展才能達到最高經營的效率。所謂企業化經營，其正確的含義已非僅在於投入最少產出最多謀求最高利益之謂，尚須盡其經濟的、社會的功能。因此，發展農業，其努力固為建設農村，提高農民生活，但更須為農工均衡發展盡其應有的功能。有關農業之生產組織、銷售系統、資金融通、技術服務、

行情報導、研究發展等等均須有利於區域性開發，著眼於整體性發展，務期「人盡其才」，「地盡其利」，「貨暢其流」，「物盡其用」。如此的農業發展將必同時福澤農村，惠及工商，成為社會安定的根本。

七

上述建立農業合作制度，轉移農村人口以及推展企業化經營三者，彼此是互為條件，相為成因的。實現大農經營，必須先轉移了農村現有人口，並且經營企業化，方能收到最高效率。而轉移農村現有人口必須實施大農經營機械化耕作，並且以企業化方式經營農業，才可使農村不因人力移出而發生勞力缺乏或廢耕的現象。至於企業化經營也唯有大農經營情境下才可見其功能。循此三種途徑努力，則建設農村，發展農業當能收到執簡馭繁的宏效。三者如能全面推行，順利達成，則是為我國台灣地區第二次的土地改革成功，其在農業發展現代化，加速工業化促進經濟發展，邁入開發國家行列諸方面所作貢獻絕不有遜於第一次土地改革對我國經濟發展的影響和成就。

鑒於第一次土地改革是由「合」而「分」，亦即由少數地主手中將耕地囀放於大多數佃農，其導致成功的誘因相當巨大，而且經營方式，耕作技術皆無何重大變革。而今要採合作制度擴大耕作面積，要轉移相當數目的農民於非農業部門，無異由「分」而「合」，要從大多數自耕農手中，將耕地轉讓於少數幾個合作「組織」來經營，而且農業經營耕作技術將有重大的變革。加之農戶農民如不能順利轉移向非農業部門，其所有權自主權有礙於合作制度的推行，必使這次改革之不易。因此，所謂第二次土地改革不僅要在立法方面尋求解決途徑，更須要從區域開發、整體規劃、人力發展、農工結構，以及農民組織、企業經營諸方面有週到之執行方案，其事務之繁鉅實遠過於第一次土地改革不知凡幾。為保證改革工作順利進行，似宜責由農復會負綜合設計工作，協調有關部會設定期限，管制執行。深信在得到農民之信賴合作，工商業之支持

配合，則第二次土地改革不僅可望成功，也必能再為開發中國家的農業發展，創立另一足式足範的楷模。

——原載於《中國經濟評論》第四十六期

民國六十三 (1974) 年十二月二十四日

十九、對全國經濟會議建議意見之分析

一

國內工商企業各界，對於「全國經濟會議」的舉行，皆寄以極大的關切與期望。早於今年二月十七日中國時報聞及此事，即發表「欣聞政府將召開大規模經濟會議」的社論，陳述此項會議的重要，發抒四點檢討性的感想，從而表達殷切的願望：「使政府的政策能獲得最大的經濟效益」，「這一構想能迅予實施」。自後各重要報刊均先後發表社論，且作專題訪問報導，或以「會談」方式，容專家學者與有關人士分別貢獻意見，皆可說明此番「全國經濟會議」之舉行，其意義是何足重大！

二

各方建議意見，除有關會前應如何準備之建議意見從略而外，可依下列各項綜合臚舉其要：

（一）有關於會議舉行之方式：

1. 與會學者專家要重視我們的特定的社會經濟條件與要求，務必以實踐為主。在政府部門應先行放棄以現行政策為準則的概念，即放棄順我本位者可，逆我本位者否的觀念。

2. 會議的重大意義應在「做事」，不在「講話」，尤其不應叫苦叫難。

3. 對重大問題的決定要兼顧理論與實際。

4. 老生常談的話不必多說，並嚴格限制發言時間和次數，務使每人都有發言機會。

5. 簡報力求精要。

6. 擴大分組討論題目，即增加更基本的問題，如合作制度、社會安

全制度、環境衛生等問題。

7. 會議中考慮成立「國家經濟顧問委員會」，使民間亦有參與經濟決策的機會，或成立法人性質的研究機構，延攬經濟專家經常做學術研究，或在整體之下考慮成立個別組織，並擴大人選，使社會、安全退休學者皆能參與會議。

8. 成立電腦資料庫。

（二）有關於經濟的整體發展者：

1. 四大特急的問題：A. 經濟措施應符合憲政的體制。B. 經濟思想融會貫通。C. 經濟規模應與人力資源配合。D. 經濟政策要把握時效。

2. 就公民營事業如何結成一體，以及目前公營事業如何能在能力範圍內支援民營事業度過難關，加以討論。

3. 健全政府財、經、金融等三個部門之組織體系與配合，俾發揮行政效率，有效掌握恢復景氣的機會。

4. 迅速改變原來重工輕商的作法，而改為工商並重。

5. 通盤檢討與修正華僑回國投資條例，尤以要改進華僑投資人身份之認定，應以僑委會所認定者為標準，而不以在國內居留日期為認定標準。

6. 坦陳現存問題，尋找對症下藥之方法。

7. 要有完整可靠的國內外資源開發政策，以確保自然資源供應的不斷。

8. 消除一窩蜂的投資生產現象。

9. 「以農為本」、「配合外張」，要在於先謀「足衣足食」之際，配合國內外客觀情況，向外擴張經濟貿易的活動與作為。

10. 建立一種政府人才與工商人才互為流通的制度。

11. 發揮自由競爭效能以安定物價。

12. 不宜放任工商業自由擴充。

13. 國家利益與商人利益要設法調和。

14. 從事十項建設與鼓勵私人投資在資源分配上應求得統一。

（三）有關於農業增產者：

1. 改善農業生產結構應以擴大農場經營規模，推行農業機械化，設置生產專區為主要途徑。

2. 本島可耕之地究竟多少？水稻田佔耕地面積為百分之幾？均須有詳實可靠資料，方可規劃開發。

3. 加強山坡地開發，要擺脫全以政府資金建設的方式，而改以吸收民間資金配合開發以加速推廣。

4. 「上山下海」有效開發人口稀少地區。

5. 發展鰹竿釣漁業。

6. 人工之育林與木材之充分加工利用。

7. 水資源分配，應有效配合：A. 區域性水資源再分配及高度利用。B. 各種作物在不同氣候土壤環境下之灌溉需水量合理分配。C. 灌溉技術、設備力求管理科學化與現代化。D. 地下水的充分開發利用。E. 排水系統及土地改良技術應有所改進。

8. 為防止荒廢農田及土地投機，對工業用地須規定在一定時間內仍未建廠使用者，准由現耕人以原價取回土地。土地移轉並採許可制度。

9. 健全農會組織。

（四）有關工業發展者：

1. 工業結構的轉變以求輸出值的增加為主，以降低生產成本為首要。

2. 改正觀念日益求新，不能再以簡單的設備、低廉的工資獲取利潤為主要手段。

3. 以租稅減免方式，鼓勵資本密集及技術密集產業的建立。

4. 拓展內外銷，使閒置資源與機器設備重新投入生產行列。

5. 將鋼鐵工業、汽車工業、造船工業和機械工業連成一氣，以成為工業發展中的領導部門。

6. 加速中間原料工業的建立。

7. 制訂中小企業法規，鼓勵中小企業合併。

8. 大規模興建國民住宅，以大量吸收過剩勞力，使許多相關行業的

產品有所出路，也可使土盡其利，增加政府稅收。

9. 協助民營企業提高產品品質，並改善經營管理和設備的現代化。

10. 將品管列為產業登記條件。

11. 必須設法戢止中小企業倒風的發生。

12. 運用有限而合理的差別稅率，適度保護民族工業。

（五）關於拓展外貿者：

1. 採用契約制度以擴大貿易商與生產事業的合作。

2. 國貿館經常陳列和展覽國產商品。

3. 加強對外經濟往返性活動，讓別人了解我們。

4. 訓練貿易人才，建立對外貿易網。

5. 加強國際市場的調查。

6. 設立徵信及仲裁機構。

7. 目前推動外貿的各部門各自為政，不能密切聯繫，分工合作，甚至彼此牽制，造成力量的抵制，這種缺失亟需改正。

8. 成立貿易部以推廣外銷。

（六）關於金融、財稅方面者：

1. 迅速開放部份商業銀行轉為民營，以應當前經濟發展所需。

2. 在財經方面務求制度完整，組織健全。

3. 建議免課棉花進口稅，免辦保稅及沖退稅捐手續。

4. 編算地價指數，按時發表，分析其盈虛消長，作為國家觀察經濟發展之有力測算標準。

5. 辦理向國外採購原料貸款，信用狀分割，D/A、D/P 外銷貸款再融通等等擴大融資辦法。

6. 全盤考慮國民所得收入，以達均富的政策。

7. 運用赤字收支來達到外匯存底的充裕。

（七）有關工商業者困難問題：

1. 人織業者已經遭遇到相當困難，應予相當重視。

2. 工業局舉辦七次分業座談會，綜合結論提出十三點建議，要切實

加以支援。

（八）有關全民福祉者：

1. 穩定地價，安定民生仍須繼續努力。

2. 力求避免發生失業問題。

3. 社會福利重於一切——除產量指標外，應有社會福利指標。

4. 積極改善「生活水準」和「生活素質」。

5. 建立社會安全制度保障國民最低生活水準。

6. 舉辦失業保險。

7. 加強社會救助及福利服務。

三

如就國內經濟發展情勢作一較廣泛的探討，其在最近報刊上直接間接可供此番經濟會議參考之論述意見，亦可就會議中兩項中心議題，分別擷述其要：

（一）有關增加農業生產，加速農村建設部份：

1. 請再度增撥二十億或更多經費以充實農村建設，俾使各項規劃能迅速進行。

2. 國內農業生產體制的健全和國外穀類輸入來源之開闢均待同時進行。

3. 應選擇有利的農作物從事生產，並配合國際市場的需求作彈性的政策運用。

4. 由農復會聯繫國內各有關方面加強與國際研究機構合作，以科技學術，加速農業發展。

5. 為達成今年糧食增產兩百七十六公噸的目標，各方反映問題與建議要如下列：

A. 復耕高等則水田，保留必需農地，實施土地分區劃分使用辦法，徹底解決農工爭地的現象。

B. 提高單位面積產量，設法減少稻作生產期和收穫後的損失，並教育國民改變以米作主要食糧的觀念。

C. 繼續推行水稻綜合栽培，加強高產穗型優良品種的選育；改善施肥法；推行稻田機耕；加強病蟲害發生之預測工作；倉儲的改進與推廣等。

6. 在農貸、土地所有權制度、運銷制度、推廣教育等各方面同時採取有利的配合措施。

7. 保證價格要能貫徹保障農民收益的目的，「無限量收購」是為最重要的關鍵。

8. 儘速編訂國土利用計劃，朝向「寸土必爭」途徑努力。

9. 肥料貸放不可輕言廢除。

10. 化學肥料用太多，如不及時推廣有機肥料，增加地質微生元素，將使地力每況愈下，影響收成。

11. 無息貸款償還稻穀的計算，宜以市價折算。

12. 農業專區既以雜糧、特用作物和農牧綜合經營為主，則專區田地的田賦就不應仍須繳納稻穀及隨賦徵購稻穀。

13. 農業專區的制度化尚須在公共設施的配置、組織管理的改進、農民領導的強化以及投資的推動等方面多加努力。

14. 「農家養豬已日暮途窮，十間豬舍九間空」亟待政府大力扶助。

15. 內銷農品宜有統一指揮機構，其零售商規模亟需擴大，拍賣底價應根據產地價的加運費以免農民損失。

16. 農會中地方派系紛爭為害須設法消除。

17. 農會支票猶如借據，為善用空頭支票者所樂用，亟宜加強管理。

18. 農貸基金撥到行庫，不可挪用套利。

19. 成立「農業銀行」以利農業發展。

20. 採取合作農場的「合耕合營」的經營方式。

21. 積極推動「農村工業」以增加生產，增加就業機會。

（二）有關發展工業推廣外銷方面：

1. 有計劃的與世界各埠僑商加強合作，組成龐大有力的全球性貿易網。

2. 積極推銷大量存貨。

3. 由政府供給土地以為設立台灣世界貿易中心之用。

4. 有計劃培養一批優秀的貿易、管理、醫藥、教育、金融、保險、證券和運輸等方面的人才，充實國內的需要，以發展服務事業。

5. 具有規模的停工或減產的工業，應協助其恢復生產。

6. 強化企業結構，改進經營管理，健全財務制度，使企業在技術及成本方面立於不敗之地。

7. 國營事業的基本原料和中間原料產品售價再求降低，以支援外銷工業。

8. 認定貿易商與生產廠商同為外貿的重心，而列為獎勵與融資對象，並加強輔導，以拓展貿易。

9. 加強外貿宜有通盤計劃，財經機構輔導工商界須有果斷的作為。

10. 外貿、造船與運輸三者須作密切配合的發展。

11. 台灣得地利、人和之利，允宜使之發展成為世界新的造船中心。

12. 石油化學工業的開拓宜由中油公司與下游的工業，成立聯合外銷推廣組織，拓展外銷。

13. 以我中間的工業技術，試向比較落後的開發中國家，尤其是世界原料供應國，策定投資辦法，以積極拓展外銷。

14. 能源規劃與工業規劃應充分協調。

15. 擺脫對日依賴。

16. 大貿易商成立不應予以特權，可鼓勵大企業成立貿易部門。

17. 公營機構對外貿易之功過優劣，宜成立小組了解領導之。

18. 刺激出口主要措施仍在金融政策上便利工商界解決其困難。

19. 對企業年終營利的結帳與納稅，應重視其「虛盈實虧」的問題。

20. 為建立貨幣市場，似宜先發展各種貨幣市場的工具，如銀行存款憑證、承兌匯票、商業票據等，在守法與技術兩方面有效管理之下推廣

應用。

21. 為防止土地投機及收到土地漲價歸公效果，宜按土地原價之漲價倍數與較土地原價所增金額兩種計算方式配合施行，稅率則仍用超額累進。

22. 公債之運用宜慎重，不能將所有投資完全依靠公債的發行。

23. 歷年歲計剩餘累積總額已達三百六十六億元，宜以此剩餘資金，有計劃的作經建支援，使之負起公共投資的任務，不必以之用作政府之間的債務償還。

24. 調整租稅結構的幾項建議：A. 將整個所得稅的級距與稅率重新劃分，使所得累進的重心放在高所得上。B. 迅速開徵奢侈財產稅。C. 逐漸或分期的降低間接稅之比重，以利租稅結構的轉變。

25. 將合會與信託公司改制為「國民銀行」以支援中小企業融資需要。

26. 輔導「老年才俊」充分利用人力。

27. 設立「勞工銀行」以促進社會經濟成長。

28. 強化各工業之間的連鎖關係。

　　　　四

目前世界經濟衰退已是突破？亦或加深？尚無定論。而種種共見之危機，如能源危機、糧食缺乏、通貨膨脹、失業日增、國際金融紊亂、工業國家破產等等，均未見有良好的轉機。我們如何衝破內在與外在的困難與限制，爰依據上述各方對經濟會議諸般建議，綜合分析，作成十項蒭見如下：

（一）以整體發展的觀念，促成整體發展的政策與制度。

本月二十日聯合報社論「為新階段的經濟發展定方針」文中，對於經濟會議的中心主題裡「整體經濟發展觀念」一詞，認為「整體經濟發展的觀念只是一種經濟認識論，它並不等於政策」，因而主張「這一中心議題，需作政策性的演釋」。分析此說，可知其主要著眼於經濟發展

階段之升高，必有「不均衡」發展之趨勢而不能適用，而論陳及此，是否有商榷之處，自當別論。但就舉行經濟會議，謀求國家經濟之整體發展而言，「觀念」必使之成為「政策」或「制度」，不僅為會議之主要精神，亦為全國各界之期望，而會議有無實際成效，經濟能否走上整體發展皆繫於此。蓋為「經濟會議」僅為經濟「計劃」作為協調的「手段」或「工具」之一，與會代表與會期時間皆有限制，會中所討論之諸般問題，實不可能立予解決，而會前各方眾多寶貴建議是否能一一列入檢討處理，亦不可能；更何況計劃尚須因情勢變遷而適時修正。是故，為確保此番經濟會議之實際成效，更為實現經濟整體發展，似宜採行下述兩者或擇其一之方式：

1. 參考法國經濟企劃組織（有關組織系統及說明請參《新聞分析》第十五號），在經設會下設「現代化委員會」(Modernization Commission)及其所屬各種「專業工作小組」(Working Parties)，並在省、市政府設置「區域經濟發展委員會」(Regional Economic Development Commission)，共同從事經濟規劃工作。此較上述學者所建議考慮「國家經濟顧問委員會」或「個別小組」，其組織體制更為完備。整體發展之制度建立，整體發展政策自能因以順利貫徹。或則——

2. 會中研訂一項「諮詢與建議作業處理規程」由經設會或研考會或院方秘書處負責辦理經常性有關經濟——甚至擴大範圍及於一般重大問題之政府向民間團體人士諮商詢問；民間社團人士向政府提案建議處理事項。如此，不必增設新組織機構，而可收到前列第一款之實效，且院長所倡建立「雙線溝通」亦可因此而具體實現。

（二）以健全組織與管理，用為降低生產成本的正途。

目前生產廠商叫苦叫難，認為外銷停滯最大成因是為「成本過高」而無法對外競爭，拓展外銷。為求降低成本，又無不寄望於政府調整匯率，降低利率，減免各種課稅，國營事業中間原料產品務必降低售價等等。而少有如開發國家現代企業經營方式，在健全組織、革新管理方面下功夫，來降低成本者。據自立晚報本月十九日記者聯合採訪分析，我

出口價格為何仍然偏高，曾以韓國紡織與我國紡織業相比較，中韓兩國各擁有兩百餘萬錠，但韓國紗廠僅有二十餘家，而我國多達一百餘家。韓國可由大量生產，成本低廉來壓倒我們。而在我國，董事長、總經理人數就較韓國至少多出五倍以上，又增加一大筆薪資支出，成本焉得不高。又據分析，若干廠商其所以對外報價偏高而致存貨堆積如山，有因高價搶購原料，囤積投機，和盲目擴充生產所致。這次全國經濟會議，舉國額首拭目，寄以無限期望，設如在會期中，就工商界近日內為響應院長號召而簽訂之「自律自強公約」特予嘉勉宏揚，因勢利導，要求與協助工商各界就此掀起健全組織革新管理運動，以降低成本，增加對外競爭能力，開拓外銷，其號召與影響必然深遠，而真正有利於事功。

（三）以保持充分就業的努力，謀求經濟的穩定和社會的安定。

據調查統計，目前台灣地區的青少年，年齡在十五歲至十八歲而不在學者，估計有五十九萬人之多。又據統計，高職與大專程度勞動力之失業比重亦大幅增加，而當前若干工廠停工減產甚至倒閉，亦使失業問題日趨嚴重，且今後仍有一段漫長的艱苦歷程，實是隱憂重重。雖然失業問題為國際性經濟衰退普遍現象之一，且我國失業率還不及歐美國家為高，但在先進工業國家，有健全的社會安全制度和失業保險等等福利措施，失業者不致立有凍餒之虞。在我國則不然，失業問題不僅是經濟問題，造成社會問題，且極可能導致政治問題。現在省政府已遵照院長指示，設立「勞資協調機動小組」，輔導廠商儘量減少裁員，對被裁員勞工應依法發給遣散費，省府且訂定十九項重要措施，以創造國民就業機會，允宜積極大力全面推廣。但有效防止失業問題日趨嚴重，其關鍵固有賴於政府運用財政政策，以公共投資方式創造就業機會，而民間生產廠商之合作，共度難關尤為重要。在這次經濟會議中，應在第二中心議題發展工業方面增列此主題：以藉討論來敦促生產廠商表現合作支持政府輔導就業的各項措施的決心和行動，實有必要。

（四）健全國營事業管理組織，使能結合與協助民營企業的發展。

以國營事業支援民間工業已成為政府所欲實現之既定政策，更為民

間企業共同之期望。十項建設之完成，國營事業在我國經濟發展過程中將擔負起更重要的角色。然國營事業自身尚存有若干缺失，亟待大刀闊斧的改革。此以成立「國營事業總管處」，直隸於行政院之下，俾能統合現行分屬於經濟、交通、財政、衛生以至總統府之國營事業與金融機構，在整體規劃管理下，方能使之成為我國經濟發展的動力之源，成為結合與協助民營企業發展的中心組織。

（五）以增建國民住宅為起點，帶動經濟發展繼續成長。

「住者有其屋」政策的貫徹，在經濟、社會與政治上所發生的影響絕不有遜於「耕者有其田」的貢獻與成效。此番台北市市民爭相搶購國宅，是為最佳說明。在不太影響十項建設資金籌措原則下，寬列經費，或如工商界所建議，讓民間投資，大量興建。如此，在實行「住者有其屋」政策之同時，當可發達相關工業，創造更多就業機會，而能帶動經濟繼續成長，度過經濟衰退的難關。

（六）以鼓勵員工研究發展力求技術創新，來創造市場。

借重國外學人引進先進國家技術，和國內研究機構的積極發展科技教育，固為突破科技瓶頸，建立高級工業，掙脫當前困境的主要之道。但科技不能直接移植，科技之應用尤賴於企業之全體從業人員。因此，藉此番經濟會議，敦促工商企業界廣為推展工作建議制度，鼓勵全體員工為產品推陳出新而致力研究發展。有創新之產品，不僅可創造市場，且可「獨佔」市場，是為拓展外貿最根本而有大利之作為。

（七）以產銷聯營方式，建立「合作」組織的民生主義經濟制度。

陳立夫先生最近於四學術團體聯合座談會中闡釋民生主義是以推行合作制度為基礎的基本組織，進而提出「國家經濟建設與合作制度的配合」，希望四學術團體研究一切實際可行的方案，送請政府參考。此項立論攸關於國家全面建設的大政至計。目前倡導設立大貿易商，以合作外銷，總因要求「授信」之特權而遲遲未能建立，無如先採產銷聯營方式，再就全面「合作」體制研訂具體可行法案，積極要求貫徹，則以整體力量拓展外銷，恢弘我民生主義經濟體制，可由此而同奏其功。

（八）以建立社會安全制度，作為貫徹「均富」政策的基石。

學者向經濟會議有主張編製「經濟福利淨額指標」，此項建議正為貫徹民生主義「均富」政策所切需之作為。據統計，我台灣地區高所得者正年年增多，年淨所得逾百萬元者，由五十七年之一百六十一人，至六十二年則增加道一千零二十一人。縱然我國在縮短貧富差距方面較之一般開發中國家為佳，但高所得者所得增加率，與低所得者所得增加率之間差距是逐漸加大，如果在低工資政策下，所得分配又有欠合理，則經濟的加速發展，國民生產毛額的增加，可能與「均富」政策的貫徹不相一致。為國家社會全民福祉計，在無礙資本形成前提下，政府宜透過財經政策的「轉移支出」手段，逐次建立社會安全制度，如優先辦理失業保險、疾病保險與養老給付等，實不容稍待。此番經濟會議中似宜就此有所規劃。

（九）以開發資源有效利用，來創造更可靠的財富。

目前台灣海域石油的探勘已具樂觀跡象，一旦開採及大量石油，不僅我國經濟大為改觀，國家前途更具無限光明。又據專家探勘所知，台灣東部海岸中央山脈蘊藏資源極豐，原油、天然氣、煤、金銅礦、鐵、砂金、石灰石、水泥等業原料；海洋更是無盡寶藏，如台東外海已發現有相當豐富的「錳核」便是。此外，漁業、林業的發展均有深厚潛力。此番經濟規劃對此似應研訂久遠開採發展之計，以創造最可靠的資源，使台灣超脫於所謂「資源貧乏」的海島型經濟的缺陷。

（十）以「比較利益」用為國際合作的準繩。

一味努力出口賺取外匯，對於發展經濟、安定民生未必真正有利，已有實際驗證。但對外貿易關係的增進是為必須而不可或缺的作為，尤其處於區域型經濟集團之間，貿易壁壘重重之下，且有各種稀有重要礦產原料生產，甚至咖啡、橡膠、棉花輸出國家，皆有仿效石油輸出國聯盟，紛紛組織卡特爾 (cartel)，以控制產銷的趨勢，對外貿易關係的增進自更見其重要和必需。然在世界性經濟衰退情勢所迫，各國無不望其增加輸出，要求國際收支平衡，此時如採「傾銷」輸出，固不易見效，對

己亦無實際利益。以是之故，對外貿易關係之增進，當以「比較利益」作為彼此合作、互通有無的準備，才是真實而有效益的坦途。我國率先倡導力行，則又為實踐　總統向紐約時報所提「如何推動國際合作以解決全球性經濟問題」主張之最佳具體例證。此番經濟會議中似宜宏揚此說，敦促國際合作，共同實踐，則我全國經濟會議，已不限於僅在求一己之利，而亦增其重大之意義。

——原載於《新聞分析》第四十四號

民國六十四 (1975) 年三月二十二日

二十、台灣企業經營之現代化之途徑

　　行政院科長朱承武說：員工的利益與公司成功的結合，這是個重大的問題，可以說是今天研討會的中心課題。因為它不僅關係某個公司企業經營成功、成長繁榮，也關係著整個國家謀求經濟發展，來建立「均富」「安和」的社會。

　　如何把員工和企業的利益結合起來，彼得・德魯克 (Peter Drucker) 曾自謙地說：「我也不曉得。」他僅指出，在已開發國家，由於裁員的恐懼早已不發生作用，所以只有就業保障、退休給付或分享企業成果等辦法。其實我們僅就「德魯克在台北」這一篇記敘文稍作研究探索，可以發現，尚有其他若干有意義的、具體的作法，例如，建立終身雇用的制度；有計劃的長期培養員工，使成為經理人才；成全優秀員工事業的慾望，萬一他們要離開公司的話，幫助他們創辦自己的事業。但是，最為德氏所特別強調的，而且對我國眾多家族企業發展特具意義的作法，就是讓企業主持人和員工之間建立真正的夥伴的關係，亦即待員工猶如親屬，讓員工充分發揮才能，使員工們變成管理團隊中的真正夥伴。

　　談到如何使員工變成管理團隊中的真正夥伴，正如德氏所說，要在於使員工們感到自己有成就、有貢獻。這實在是至理名言。今天，行為科學家和管理學者們對於人們基本需求的學說，已有很多的論證，大家重視參與制度的建立就是要滿足工作人員的成就慾和「自我實現」的需求。此因，人們在工作方面最值得重視的因素，待遇固是基本問題，現在我國內已有一些很有遠見的企業開始推行「人人有股」，確是最值得稱道的方法。但是，人們認為「對工作有興趣」，「有升遷的機會」，甚至「老闆的為人很好」往往看得比金錢更重要。準此，如何使員工們感到有成就、有貢獻，而樂於為公司的成功努力效命，另有一種最切實可行而且最為我們所需要的辦法，就是加強推行「獎勵建議制度」。

　　現在，國內好多很有作為的公司企業已經實施了獎勵建議制度（或

稱為提案制度），都可以了解到，實施這項制度，不僅是讓員工有發揮才能、貢獻智慧的機會，而且因為尊重員工的建議意見，對於任何個人提出的建議皆作公允而迅速的處理，付諸實施，有所貢獻，並予以適當的獎勵，再如配合「用人唯才」的政策，以這方面的貢獻來據以擢用他們，如此，既滿足了人們的參與感，可以使努力的員工感到有貢獻，當然，也可以滿足了人們「自我實現」的慾望，確可培養成整個企業的大團隊精神，使每一個員工成為管理團隊中真正的夥伴，能時時刻刻在為企業的成長發展而貢獻智慧，發揮才能。而公司在獎勵員工之際，也已獲得了極具報酬率的有形的和無形的利益。其投入產出的比例至少是一比六以上。所以說，實施「獎勵建議制度」乃是使員工的利益與公司的成功相結合為一的最為實際而有效的辦法之一。

——原載於《經濟日報》

民國六十五 (1976) 年四月二十六日

二十一、推行獎勵建議制度

一

「獎勵建議制度」在美國及其他先進國家推行有年，成效日著，工商企業界無不稱譽之為降低生產成本之鑰，政府機關則認之為最具成效的管理工具。

以美國而言，工商企業界普遍實施的結果，其投入—產出至少為一與六之比以上。而聯邦政府由國會立法，推行於全國各個行政與軍事單位，迄今節省了公帑或所得利益已超過四十億美金。而且，實施獎勵建議制度無論在工商企業或政府機關，皆可因以培養團隊精神，增進人際關係，在「融合的原則」下，順利達成組織的使命與目的，這種種無形利益更是無法估計。

二

當前，我政府為建立開放的大有為的政府，而極力宏揚團隊精神，要運用集體的智慧，發揮集體創造的力量，來改進工作方法，提高工作效率，以便民利民，使由行政革新而全面革新，以實現復國建國的大目標。獎勵建議制度既經多年驗證，在行政方面是最具成效的管理工具，則我政府各行政機關普遍加強推行該獎勵建議制度，自是正合所需，其在行政方面所發生的作用至少有下列諸端：

（一）促進行政革新。我們在行政方面如發現缺失，認為最切要的辦法是委託專家學者來研究改進。當然，學術與行政可以配合得相當密切，但是，學術機構能為政府討論研究的問題，都屬少數重要的個案調查研究，而行政上千頭萬緒的「日常工作」，學術機構實無法一一代為研究改進。而且，一項改革在事前縱然經過專家學者的設計，付諸實施

以後，也不能就此百世不惑。此因時代情境日有變遷，任何工作必須不斷求新求變，才能保持適應現況。正如蔣院長所說：「行政革新永無止境。」以及英國組織與方法單位 (O&M) 將「向陳規挑戰」作為工作座右銘，其道理是一樣的。所以日常工作方法要時時刻刻研究改進，實在是行政方面最根本的問題。而這些問題的解決，都要靠實際從事這些工作的人，大家不斷的研究改進才行。建立獎勵建議制度，就是鼓勵從事實際工作的全體員工，大家腳踏實地的來參與行政革新研究發展的工作。可以說，有了獎勵建議制度，不僅能消弭工作缺失，改進管理實務，也是提高行政效率最可靠的途徑。

（二）縮短管理差距。《美國之挑戰》(The American Challenge) 著者舒萊伯氏 (Jean-Jacques Servan-Schreiber) 以及《智識的革命》著者邱勒佛史教授 (D.N. Chorafas) 都指說出，當前歐洲與美國在發展方面的差距，主要是在於管理上的差距。至於我們和先進國家之間的管理上的差距，又不知要相去多遠。我們要迎頭趕上自有可能，但問題決定在我們能不能取人之長補己之短。在管理方面，我們固有的優點，要在於各種目標政策、指導原則、條例綱要等等，無不完備，也無不正確。更可以大膽地說，現代各種管理學說，有好多理論都可以在我們線裝書裡找得出來。但是，我們在管理方面最大的缺失，要在方法的欠缺，也就是不在實際的施行辦法上多下功夫。所以，我們有《論語》極其精闢的領導哲學，可是，除了總統　蔣公所著的《行政三聯制》以外，就少有一些實實在在完完整整的管理科學方法，諸如動作研究、工作簡化、邏輯樹、網狀圖、作業研究、以及目標管理等等，很多有實用價值的管理科學方法都不是我們發明的。因此，要想縮短我們和先進國家之間管理上的差距，豈能不在管理方法上多下功夫。實施獎勵建議制度，來鼓勵全體工作人員貢獻智慧，就事論事，拿出具體可行的改進或創新的辦法來；亦即把我們種種的良法美政，一一化為具體可行的實施方案，對我們行政管理方面來說，實在太重要了。

（三）宏揚團隊精神。蔣院長在六十一年六月一日第一次主持行政

院院會時，就特別強調團隊精神的重要，認為團隊精神能否充分發揮，乃是今後成敗的關鍵。蔣院長說：「個人突出的時代已過去，任何個人或少數人不可能完成偉大的事業，只有集體的思考、集體的計劃、集體的努力、集體的創造，才能完成時代的任務。」怎樣才能做到集體的思考、集體的計劃、集體的努力、集體的創造，來發揮團隊的精神呢？就員工大眾來說，除了努力工作而外，就是要多多的建議。所以蔣院長於同月八日在「要求於各級行政人員之十項革新指示」中，就特別規定：「向上級提供意見是每一工作人員之權利，接納部屬意見是每位主管的義務。」由此可見蔣院長希望每一工作人員來提供建議意見是何等的重視。建立獎勵建議制度則是把這項指示，化為實際行動的最為具體而有效的辦法。獎勵建議制度不僅是鼓勵員工大眾建議的制度，更是增進人群關係最佳工具之一。它不僅有公允的獎勵制度，而且也配合人事上用人唯才的政策，來擢拔真正的人才。可使個人的前途與單位的成功相結合一致，大家自然會時時刻刻樂於為團體進步更求進步而設想、而奮鬥創造。這樣，團隊精神就自然地形成了，團隊精神的效用也必能充分發揮出來。

（四）發展人力資源。舒萊伯氏又曾說：「今天我們所尋求的財富不在於土地資源，不在於人數與機器的眾多，而在於人類的精神，尤其是我們思想和創造的能力。」可見人礦的開發，其重要性無復置言。蔣院長所說：「設法啟發他人的才智，才智才能真正的發揮。」則又是發掘人才和運用人才的精闢之言。但怎樣才能啟發他人的才智呢，最簡單而實際的方法，就是實施獎勵建議制度，讓大家都有貢獻才智的機會。今天，我們可以看到在現職人員當中，真不知有多少學識才能相當優秀的員工，尤其是有若干人才因境遇關係，而用非所學或是學未致用，比比皆是。如果沒有一種良好的方式，能鼓勵其充分貢獻他們所學所能，在個人來講固然是一種悲哀，對於國家、對於團體而言，又何嘗不是一種莫大的損失？實施獎勵建議制度，不僅為智能較高、學有專精或是學未致用的員工，可以為他們提供一種發揮潛力、貢獻才智的機會，也可

促使全體大眾員工自我努力學習，主動進行研究，使不會寫文章的員工也能提供一得之見的建議，這實在是開發人礦、發展人力最「經濟」而且最有實效的辦法。人力素質提高了，人人樂於就各事各物，時時刻刻在貢獻他們的智慧，大家來發掘問題，解決問題，創造成果，這樣，組織上任何所欲達成、所欲實現的重大目標，何愁不能達成，何愁不能實現？

三

很顯然的，獎勵建議制度在行政方面所發生的作用並不止於上述各點。例如，張金鑑教授就認為，建立工作建議制度是為溝通協調的重要方法。它可以改進工作方法，增加工作人員興趣；可以消除怨懟憤懣的心情，促進和諧安寧；也可以發現職員才能，免除人力浪費。

然而，獎勵建議制度最大的特點之一是，不僅要求拿出具體可行的辦法，同時對任何建議的辦法，採行與否，都要經過一番詳實的調查、客觀的審議，以及公允的處理，和保障權利等等一套完整的程序。這樣的制度至少可以收到兩種效果：一是可以避免提出一些徒增主管人員困擾的不著邊際，或不負責任的建議事項，另一是可以防止確有價值的建議辦法，為承辦人僅憑一己好惡而拒絕採行，或凍結不理，或「研究參考」就此了了。所以，政府鼓勵各界「建言」，重視各方意見，再在行政機關內部建立獎勵建議制度，不僅是幫助機關主管來解決問題，而且是為主管謀求該機關的進步提供了成功的保證。如果大眾對政府貢獻的智慧，有獎勵建議制度的建立，也能循此作業程序使之實現，對政府所產生的大效宏功，豈止於建立一個開放的、大有為的政府？工商企業、社會大眾皆與政府結為一體，蔣院長所說的一種大團隊精神於焉形成。

不過，獎勵建議制度雖屬一種最具成效的管理工具，在行政方面可發生如許多的積極作用，有利於充分發揮開放的大有為政府的功能，但能否使之推行著有成效，其成功的主要關鍵，則有賴於開明的領導者主

管們的重視與支持。

——原載於《中央日報》

民國六十五 (1976) 年六月一日

二十二、現代管理科學之內涵

在管理學上區分「科學管理」與「管理科學」，乃起始於二次大戰期間，有作業研究與系統分析應用於決策而提出的。繼之有電子計算機的應用之便，益使注重計量技術的管理科學方法引人注目。一般說來：

「科學管理」係泰勒學派應用科學方法於「工作描述」，來尋求最佳的工作方法，以提高工作「效率」為重點。

「管理科學」要指計量學派應用數學模式與計量技術，為決策者提供與選擇解決問題的最有利的方案，以謀求工作「成效」為重點。

所謂「效率」與「成效」之分，前者就經濟原則以言，即是投入最少，產出最大；後者「成效」從管理觀者言之，在能圓滿解決問題，順利達成目的之謂。由於有效率不一定有成效，顯示決策的重要，因而使某些管理學者，不僅區分為「科學管理」與「管理科學」，而且有卑前尊後的意向。

然而，在管理學說上區分學派，自有利於研究，易於了解其實用特性，但從現代科際整合觀點言之，實無必要。蓋以各種管理學說與科技方術並未彼此排斥，互不相容，實是互為補充，相得益彰。從 1911 年泰勒著《科學管理原理》；1927 年起梅約進行「霍桑研究」；1949 年後費堯管理基本功能說開始大為盛行；1958 年西蒙提出了正式組織論說，繼而倡導決策理論；1960 年計劃評核術由美國軍事單位公諸於世；以至現代以行為科學取代社會科學的努力，在管理學說與實務方面皆有其重大的影響。這一發展過程，無不是後說增益前說，或求其創新，期有「突破」的貢獻。自「科學整合」運動興起以後，科學的研究發展，又無不是以應用「科際整合研究法」為重。

　　二

　　科際整合的貢獻，可認之為二十世紀五十年代最值得稱道的事。它遠超過核子物理的發展，或太空科學的成就。現代科學之所以有如許成就，無不得力於「科際的整合」而然。此因十九世紀以來，科學發展日益趨向於專門化、部門化，「知識高度專門化」發展結果，儘說些有若「江湖黑話」的術語，對於全人類並無實益。於是，據有遠見的科學家們咸認為，而且已在努力建立起統一的科學，合力創造一種具有共同見解且能相互關聯的基本定律，俾使科學步向正確的道路，更有益於全人類。這一發展趨勢，在管理學說上自亦不能例外。

　　事實上，由科際整合發展而成為取代社會科學的行為科學，在區分科學管理與管理科學之際，已產生了巨大的衝擊，為現代管理科學增添了新的意義，開拓了新的領域，使各種管理學說與方術能相輔相成，靈活運用，為人類社會帶來更大的繁榮與安和。

　　由於行為科學家研究組織與管理時，強調心理社會系統與人性組合的重要，著重人們在管理方面實際生活行為的探討，而確認管理上民主和參與的重要價值。此種思想觀念已經強烈地影響了組織理論與管理實務。不僅在理論上尋求管理問題的解決，也進而參與到管理的決策與執行的過程。行為科學在管理方面產生如此巨大的衝擊，其未來發展及其可能貢獻，實不可限量。

　　　　三

　　論及現代管理科學的內涵，首應確認的是「管理」乃係一種科學，從「治人」觀點言之，亦可稱之為藝術的藝術，其內涵自非計量學派所能代表。僅就「科學」而言，凡屬用科學方法與科學態度建立起來或將建立起來的學術，皆可稱之為科學，廣義的科學方法正如大英百科全書的解釋：「任何研究方法，凡可據以獲得科學的或其他無偏頗而有系統知識者，皆為科學方法。」管理上各種理論與方術皆屬一種科學，皆是以科學方法為必要因素，自不能執一自珍，貶斥其他。而「管理科學」

真正的意義，也非如一般所謂之「計量學派」而有別於「科學管理」。據大英百科全書解釋「管理科學」一詞，是代表眾所接受的有關研究和解決管理上各種問題的科學方法或規律。緣自二次大戰期間以及戰後，一些應用科學家們對於軍事與工業管理方面問題的解決興趣日增，而組成各種社團，即所謂「作業研究社」，「作業研究」一詞於焉產生。二次大戰期間，英美的軍事單位中，為便於從事研究軍事作戰的科學家們工作指派之用，而直接稱之為「管理科學」（其實 operational research 在此應譯之為作戰研究）。其後，則引用至對於任何主管人員在其發起與控制下的作業，所應用的科學方法皆謂之「管理科學」。因此，「管理科學」與「作業研究」由是而交互使用。雖然後者「作業研究」是有關於在合約下從是應用研究的行為，同樣，由於大家對於決策過程，決策理論，以及組織理論興起研究的熱潮，也往往以管理科學一詞稱之。

所以，管理科學一詞的涵義，係代表一種以上具有共同知識興趣，彼此也共有一種方法哲學，且能就管理上各種複雜的問題作嚴謹的分析研究之謂。而管理科學家們之所以用「計量」作為來表現其特性，乃是因為他們感到「計量」一詞可意示他們所期望的「精確」與「嚴格」，而不是認為數字特別重要。

管理科學真正的涵義既是在以「精確」與「嚴格」的科學方法來解決管理上諸般複雜的問題，則泰勒的科學管理是以應用於基層運作部門工作效率的提高為範疇，但其所應用的科學方法無不是在「嚴格」的實驗程序下，求其「精確」的結果。又如，今天極大多數管理學家們莫不確認「管理」是為解決組織內各種問題，所有努力皆為實現組織的目的或目標，而這些努力活動又無不發生在人群組織的目的或目標，而這些努力活動又無不發生在人群組織之中。行為組織是以個人在組織中行為之研究為其中心課題，自與管理有極其密切的關係，其在對人性了解的實驗過程中，所應用的「科際整合方法」，又豈僅止於「精確」與「嚴格」的要求。如此，「科學管理」與「行為科學」豈能不將之引為現代管理科學的重要內涵。

　　事實上，以計量學派稱之為管理科學，而有別或排斥其他，也不妥當。蓋以管理科學自居的作業研究，其所用的研究方法並不限於計量方法，他如非計量方法的直覺法、經驗法、事實法、判斷推理法等皆不能捨棄不用；而系統分析以價值判斷為重，更非計量方法所能盡其事功。

　　尤者，以應用計量方法為主的作業研究或系統分析，對於決策、規劃確有真實的貢獻和助益，但是，管理的基本功能，捨決策規劃而外，尚有組織，指揮激勵，溝通協調，以及管制考核等等，特別是在人類行為的了解與管理，計量學派的作業研究則毫無意義。是故，稱計量學派的作業研究為管理科學之一則可，僅以此視為管理科學而排斥其他，則係一偏之見。

　　　　四

　　管理乃一整體，各種管理的科技方術皆為整體的一部份而非全體。健全的、有效的管理須兼求決策的「成效」與工作者的「效率」。科學管理與管理科學以至行為科學皆是應用「科學方法」來解決管理上諸般問題，以達成組織的目的，何能分個彼此，作名詞遊戲。在事物情境急劇變遷的今天，也沒有一種學說理論能四海皆準，百世不惑，也沒有一種科技方術能解決所有管理上的問題。而人與事孰輕孰重更難於分別。因此，本諸「科際整合」要求，應用「科際整合方法」，對現代管理科學而言，不僅需要，而且是必然的趨向。是故，現代管理科學的正確涵義應是：除計量學派而外，行為科學與科學管理均屬之，亦即本諸「科際整合」的精神，以科學管理為基礎，行為科學為重心，應用計量學派各種管理的科學方法與技術，來建立良好的人際關係，善加利用有限的資源，發揮管理功能，以增進工作效率，獲致努力成效，而實現組織目的，謀求群體福祉之謂。

　　很顯然的，更廣義的詮釋，他如經濟學、政治學、社會學、心理學，以至法律學之類科學，皆與現代管理科學有關，然因此類學科在管理功

能方面僅屬間接的影響，除管理者應有所涉獵，具備應有的學養而外，自宜作別論。

——原載於《台灣新生報》
民國六十五 (1976) 年十月二十二日

二十三、解決青年升學與就業的途徑
——從改革聯招說起

一

多年以來，眾所關切而議論至多的，是為改革大專聯招與青年升學就業的問題。這兩者有其相關性，但聯招的改革存廢與否，並不能徹底解決當前青年升學與就業日益嚴重的問題。必須就教育制度和人事制度各方面作通盤的檢討，從系統分析觀點，來尋求正本清源的解決途徑。

二

試言廢除聯招後，志願升學者是否皆能進入理想的大學，是否皆可就讀符合志願的科系，中上學校畢業生是否皆能滿意地學以致用達到充分就業？很明顯的，除非大專院校招生名額和科系設立不受任何限制，除非為各級學校畢業生建立「分發就業」各行各業必須無條件接受的制度，自不能作一肯定的答覆，而現行聯招所見聞的缺失，廢除聯招改由各院校各別招生，也無法肯定其不會發生，甚至特權、人情包圍的流弊可能比這些缺失尤壞尤烈，蔣院長所說的，只有一百一十五戶農家的偏僻農村，大學生卻有二十五人，清道夫的子女可以讀書求得博士學位，這種情形將可能不復見及。

如以高中畢業會考取代聯招也有未符實際之虞。此因，會考成績優良者，始予報考大專的資格，不及格者，自始即剝奪其升學機會，實有違憲法上「國民受教育之機會，一律平等」的宗旨。而學生與家長們為爭取大學入學資格，競爭奔走的結果，在大專聯考之外，勢必又增加了另一個「聯考」，使一個高中未畢業的學生就面臨如此「殘酷」的「考驗」，豈僅是「虐待」！一個高中未畢業的青少年只因會考成績欠佳就

167

「決定」其終身，其在教育理論與制度上是合理嗎？設予「第二選擇」的機會與權利，將又如何再年年參加「會考」。

以高中會考取代聯招，也忽略了很多失學自修上進的青年。此如以「同等學歷」報考大專者、國軍隨營補習教育畢業者、普考及格者、學力檢定考試及格者，此外，如僑生回國升學者、駐外人員子弟回國就學者，以及早已取得高中畢業資格者，也要他們一一再行參加會考？如不參加，他們報考大專個別測驗或聯考，可一視同仁以「平等」態度對之嗎？聯考需要改革，但不可抱「嘗試性」的心理來自亂章法。

又如以高中學生能力評量與輔導，根據學生的性向和能力輔導其升學，以疏導升學競爭，也只能做到「輔導」，因為教育機會均等是憲法賦予每一國民的基本人權，盲啞殘疾者尚且輔導其接受高等教育，一個正常的青年，豈能以「性向」不合為由，而強制其不得升學？又何況高中學生能力評量可以保證做得比聯考還要公正無私無弊？也不無疑問。

三

具體言之，今天使聯招制度成為眾矢之的的因素，乃是升學主義和文憑主義。因為聯招的各種缺失縱然一一加以改革，至多僅能求其更公平、更合理；各院校如個別招生，也可能錄取到所「想要的」學生，但每年依舊有百分之七十以上落第的考生，建教也未必就此密切配合，人力供需也未必能保證其徹底改善。所以，如何疏導升學競爭，打破文憑主義，才是當務之急的根本問題，也是解決青年升學與就業的正本清源的途徑。

青年升學與就業有合理的解決，高等教育的素質自然會因以提高，人力發展將能發揮到極致的地步。但是，在這方面的努力，不是宣訓、輔導所能濟事的，必須建立制度，把造成升學風氣和文憑主義的種種人為因素徹底剷除，才能見其功效。所謂正本清源的途徑為何？此可歸納為三種首要之圖，即解除「學位」授予的「管制」；建立以學徒教育訓

練為中心的職業教育制度；以及貫徹用人唯才的人事政策。

第一，解除「學位」授予的「管制」。

就現行教育制度而言，凡任何入學考試和深造教育，無不是要「文憑」，且無不是以「文憑」建立在「文憑」的基礎之上。當初教育部蔣部長沒唸過小學和初中就可考上滬江大學附屬中學，在今天的教育制度下可以允許嗎？所幸教育部還辦過多次大陸來台學生學歷鑑定考試，又有軍中隨營補習教育的舉辦。蔣部長領導教育部門後，又開始舉行高中以下各級「自學進修學力鑑定考試」，據報導參加考試的人數一年比一年增加，報考者有青年人也有老人，有家庭主婦更有出家人，當可想見這是一項何等成功的施政，不知有多少人會感受到政府的德澤。現在教員暑假進修與空中教學皆已晉至專科教育階段，更獲得各界不少的稱道之詞。可是「學位」授予仍是嚴格「管制」毫未放鬆，學士學位的取得必須通過聯考，必須在大學正正式式上四、五年課才可取得；研究所入學資格則嚴格限制，必須具有學士學位與碩士學位才有資格報名參加入學考試，絕無例外。

學位是授受教育程度的一種標誌，應為人人所敬重，絕不可濫於授受，但如學位的授予為所謂「正規」教育的大學所「管制」，再如將之認定為學術成就，而據以為用人的唯一準據，則非所宜。

現在，社會上對於聯考落第的高中畢業生，雖不是以「不值一顧」的態度對之，然考試用人每每以「大專畢業」為要求、為號召則是常見的事實。但如通過聯考，就等於取得大專文憑，則情形就迥然不同，可以服軍官役，可以考高考，可以被視為人才，要求國家為其選擇職業，也較易找到好伴侶。尤其出國留學三年五載求得碩士、博士歸來，可以報考職位分類八至十等以上的高級職位，可以當副教授，如果被選為青年才俊則更如天之驕子而飛黃騰達。不回國，也被稱譽為學人，回國講學，來來去去，身價更高。這一切都是因通過聯考，取得學位而得來，捨此別無他途可循。這種情勢怎不會「逼」使大家一窩蜂參加聯考，拼命擠向大學之門？所以解除學位授予的嚴格限制，乃是疏導當前升學風

氣，打破文憑主義，減少參加聯招的人數，使若干青年學子及時投入國家建設的行列一種正本清源的最有效的途徑。

所謂解除學位授予的嚴格管制，並非是降低學術水準，或是有違正規的學校教育，而是本諸我國「有教無類」的崇高的教育理想，循推廣教育方式，來建立雙軌制或多管道的教育制度，以使教育制度配合各方需要，使考生有多種升學的機會，而不必完全非擠向聯考一途不可。教育學術水準的維持與提高，則在大學師資的素質與研究設施方面多所致力，特別是以較聯考更公正而嚴格的畢業考試方式行之，（大學研究所教育也必須如此。）雙軌制或多管道教育制度的最大特色與功能乃是可以同時而徹底地解決了青年升學與就業的兩大問題，教育與經建由此能配合密切，而現代所謂「無圍牆大學」的「全民教育」和「終身教育」的理想也會由此而充分地實現。試言芻議如下：

（一）舉辦空中大學：參考英國的 Open University 方式把大學為社會各階層人士開放。入學資格雖不能完全如英制無任何資格限制，但必須力求放寬，不必要求繳送如參加聯考的文憑。畢業考試則務求從嚴，及格者始授予學位。

（二）高考及格者授予學位准其報考研究所：高考及格者不論其報考資格為大專畢業，或是檢定考試及格，或是普考及格滿四年後報考，皆具有高於大學學力是無疑問的。此因通過高考較之參加其他考試困難多多，及格者學力自不能因有無學士學位文憑而加以否定，不予應得的禮遇。然依現行規定，普考及格可報考大學，高考及格可申請留學，但不可報考研究所，想是為及格者未持有學位文憑之故——四十四年政大曾開放一年，該年邱創煥先生即是以高考及格資格報考入學而培植出來的黨國棟材——而且高考及格視同大專畢業，又不可報考大專，此種規定是否合理？今如對高考及格者（不論高考時由教育部加考取得學歷的科目或是及格後補修學分）授予學士學位，准予報考研究所（報考不是保送），若干青年高中畢業後可不必非擠向聯考，而先行就業，以自修苦讀方式，參加高等考試，求得學位，同樣可得深造教育上進機會。這

不僅把我國考試制度固有的優點充分發揚光大，而且以此鼓勵青年與社會人士造成讀書求知風氣，端正社會善良風尚，尤能見其宏效。至於高普考試因此而更提高錄取素質，為政府甄選更優秀的及格者服行公職，又屬必然之事。

（三）准許具有良好經歷有專科教育程度者報考研究所，直接攻讀碩士、博士學位：在英美國家的專科學校畢業生具有相當經歷者皆可申請就讀到研究所。去年八月三日紐約時報曾在一篇「美國大學正改進認可學分觀念」文中報導說：「目前美國有一百五十所大學承認學生在入學前已獲得的那些無法以傳統學術標準來衡量的經驗，可當作學分而獲得學位。」可見其發展的趨勢。我國工專畢業學生在英國大學直接攻讀碩士、博士學位的事實，更可一一道名舉證。試想一個專科畢業（或高考及格）者，在政府機關或工商企業界服務了十年八年，幹到主管經理職位，且成績良好，或是有專門著作，或是有重大的創造發明，就不能如甫自大學畢業獲得學士學位有同樣的資格報考研究所？如果認定學位與經驗不同，則許多僅具學士學位，甚至沒有學位的名教授，怎能容允其指導研究生修讀碩士、博士學位？任何學問知識只有從實際的事功中求得成功的驗證才是真正的學問，有良好經驗的專科畢業生豈能因無一紙「學士」證書而不如應屆大學畢業生可以報考研究所？何況准予報考並非保送，仍須經過淘汰的入學考試或甄試。果如准許具有相當經驗的專科畢業生報考研究所，直接攻讀碩士、博士學位，則當前考入專科學校又報考大學聯招或畢業後再設法擠向大學之門種種有欠正常的現象必可改觀。也是將學術理論與實際經驗相結合印證的良好方式之一。

（四）舉辦自學進修大專學力鑑定考試，及格者授予相當大專畢業學歷文憑——此可由教育部就考試院考選部每年舉辦的高等檢定考試加以改進，定期舉辦，及格者授予相當大專畢業文憑。深信此項制度一旦建立，對於疏導升學競爭、消弭升學主義、打破文憑主義，必能產生意想不到的效力，也必將是我國教育史上最輝煌的一頁。

第二，建立職業教育訓練體系。

以上四種方式皆為疏導升學競爭的有效途徑，而既可疏導升學競爭又可開創青年就業的良機，乃是確立以學徒制為中心的職業教育訓練體系。亦如採行如英國、西德的職業教育制度。其要——

（一）建立完整而有體系的學徒訓練教育制度：由工商界招收國中與高中畢業程度的青年（未具學歷文憑者，先予補習再予甄選）為「職訓生」即學徒 (apprentice)，以五至六年為期，在工廠學習手藝，至學校修讀學術課程，期滿後考試及格者，分別授予技師或技士執照，同時取得大學或高中畢業學歷證書，並可以此學歷證書升讀大學與研究所深造教育。

（二）大學研究所為在職人士開設「工讀」進修課程（英國大學研究所稱之為 part-time 或 sandwich course），以便利在職人士一面工作，一面能循正規教育繼續進修，修滿規定學分並考試及格者，授予學士或碩士學位。如此，應屆畢業生自不必急於參加聯考或研究所入學考試，而先行就業，努力服務，以爭取保送升學、深造的機會。

（三）大學研究所依工商企業界資助委託研究項目以決定甄選適當之研究生及其論文或研究實驗之專題，既可為工商企業界做研究發展工作，以利技術創新與經濟發展，研究生除能獲得獎助深造，也可由此而順利進入工商企業界服務，當為最密切配合的建教合作方式。

第三，樹立用人唯才的制度。

造成升學主義與文憑主義的另一重要原因是為人事制度上一味講求學位文憑致有「不平」待遇而使然的。下列數端可見其要：

其一，學歷文憑遠超於經驗才能，升學留學成為登躍龍門的最佳捷徑。既往大專畢業只有參加高等考試，及格後取得荐任（十二級）任用資格，除成績優等及現職人員外，及格者通常以委一任用。自然雖有高於高等考試甲等特考，但僅舉辦一次，且似為現職人員解決其任用資格問題而舉行者。但自職位分類實施以來，「學位」身價就特別提高了，專科降格只能報考五職等（低於高考），然碩士學位可報考八、九等職位，相當高級荐任。博士學位則可報考十至十二等職位，相當中級的簡

任。試想，大學畢業後留學讀個博士學位最多五、六年，就有資格參加政府的簡任以上的高級職位的文官考試，如果在國內大學畢業高考及格以委一任用，升到簡任至少要十五、六年以上。再如是高中畢業普考及格以委任中級任用，爬到高級又不知要好多年，除非再參加高考及格或就讀大專畢業，否則根本莫作簡任想（職位分類現職人員晉等無學歷限制，但亦有待改進之處），如此人事待遇，怎不令人擠向聯考，怎不令人不重視「學位」「文憑」。

其二，對無學位文憑者每予不平待遇。如高考有檢定考試的舉辦，使因境遇關係未能就讀大專但確具大學學力的人士開闢了一條光明的入仕正途，這項制度是為我國考試制度上最光輝的一面，但在今天升學主義文憑主義衝擊之下，竟有某些人士對此圍攻指責，正如攻擊聯招制度然，有非予廢除高普考試不予罷休之勢。高普考試之廢除尚未成定論，然歧視的事實則已見之，例如同樣大學畢業，參加高考及格者以五職等任用，參加職位分類六職等考試則以六職等任用，前者為委任，後者則屬荐任。此是高考錄取比率不高？素質不好？係高考較職位分類考試容易及格？皆不是，而且恰恰相反。所以有些大學畢業參加高考及格的人士就曾大發「不平」之鳴。

又如高考及格者（此處專指無學位人士）服務六年，服務成績「特優」始准報考甲等特種考試，而大學畢業取得學位者，服務六年，成績「優良」即可參加十職等考試，也可參加甲等特考，一要「特優」，一是「優良」，是否有別？如有分別，豈非是重視學歷文憑的不平待遇。

其三，堵塞失業青年自修有成者上進之塗。高普考試，每年定期舉辦檢定考試，及格者如大專高中畢業生可報考有關科類。但近年來有某「界」某「業」有團體組織的人士則想盡方法堵塞這些失學自修有成者上進之路，例如已設法禁止了高檢及格者報考某類專業人員考試就是最明顯的實例。

高普檢定考試每年定期舉辦，職位分類考試法的六職等也有舉辦檢定考試的規定條文，但職位分類施行已有七、八年之久，舉辦過幾次檢

定考試？如果真正廢除了高普考試，不是要斷絕了貧苦失學者一條最光明正大的上進之路。

這些不平的待遇皆為升學主義、文憑主義所由生：但有此類不平待遇又助長了升學主義和文憑主意的倡行。所以改正前述對無學歷文憑人士的種種不平的「待遇」實有利於消除升學主義和文憑主義，此宜：

（一）定期加強辦理高等檢考與職位分類六職等的檢定考試，兩者可相互承認其報考資格，以為落第青年開闢一條可力求進取的正途。

（二）政府與工商企業界考試用人應以高中畢業者為主要對象。中高級職位則依經歷與服務成績訂定合理調升的制度，並建立在職教育訓練的升遷制度。果如此，則高中畢業生多為就業所消化吸收，青年升學與就業的壓力必然大大降低。

（三）釐訂合理的待遇，尤其對於基層亟需的技士、技工不僅要提高他們的薪資，也要滿足他們精神上、心理上的需求，更讓其有升遷發展的機會。如此，高工職校學生自然不必擠向大學之門，我國也自然有了「千千萬萬熟練的技師來操作和維護精密高價的機械裝備和對已開發（社會）」的需要提供服務」。

（四）建立公務人員在職訓練深造教育的完整制度。考試用人已高中畢業為主要對象，則在職訓練與深造教育亦以具有高中程度，服務成績良好，有發展潛能的員工為主體，不論是機關自行舉辦，或是與大專院校和國外訓練教育研究機構合作，必須作整體之規劃，甚至教育部公費留學考試亦應以年輕有為之公務人員為考選對象，庶合其以公費為國選才育才服行公職的主旨。建立此種階段而有體系的教育訓練制度的良好作用，有其多方面的利益，乃是顯而易見的。

四

在建教合作方面與青年升學就業有關的另一項措施是所謂「計劃教育」的調整科系。這項措施就事實情形來說也有商榷的必要。在先進國

家尤其是學術自由的國家，有多少這麼做，而且做得很有成效的？因為培植一個大專畢業生要經過五、六年才能就業，也就是說「計劃教育」的規劃要預測至五、六年以後的就業情形，其準確性就有問題，又何況計劃教育出來的人才，能保證其個個可以學能致用嗎？不要說無法採行分發就業，而個人的環境和際遇等等因素也會影響其就業志願。例如出國留學、繼承家庭事業、就業地區和人事不適等等皆是，政府也不能強迫他們必須用其所學。

計劃教育調整科系的理論既是以經濟行為的「供求」律為基礎，但經濟行為中影響供求的槓桿有「價格」，還有「國民所得」甚至個人對需求物的邊際效用等等皆為決定的因素。果爾，則將此引用到人力供需的話，自宜在提高某種需求人才的「待遇」，以及增加升學者多種接受教育的途徑才是自然調節之途。高中畢業生有良好的就業機會，有多種升學求知的途徑，有誰願一窩蜂參加聯招，填上百把個「志願」不顧一切地擠向大學之門。

五

眾所週知，經濟發展絕不可造成貧富懸殊，必須本諸經濟平等原則，謀全民之福，教育制度亦復如此，絕不是為提高高等教育素質，而極力培植少數頂尖的「人才」，必須循守有教無類的原則，普遍提高國民素質，指人人有增進與發展才能的平等機會。是故，聯招人數的限制，如因教育經費無法支應，必須使其有名額限制則可，如果說大專畢業生人數太多，國民的教育程度必須形成金字塔，而限制大專畢業生人數，才是人力發展，才不是人力浪費，則大大不然。試說，某一家庭有子女四人，則家長必須「合作」，只准一子讀大學，一子讀高中，一子國中，一女國小畢業，才符合人力發展之道？「求知欲」、「向上心」是人人皆有的本性，父母對於子女明知其智能平庸，但如設法多加栽培他們，以教育的功能來補救他們的缺失，為何非要限制不可。再說，國家教育

經費許可，將國民教育提高到大專程度，難道絕對不可。一個文化教育落後的民族，絕不會造成富強有為的國家；一個不想讀書的青年，家長千方百計的「逼」使他升學，也無能為力，枉費心機。所以，教育固然要配合經建，但從國家民族教育文化程度普遍提高而言，經濟建設與工商企業發展等方面也要配合國民教育程度的升高，而作整體規劃，多方開創就業機會，才是健全發展之道。

六

總之，聯招是一項好制度，其所以為人詬病並非因它在行政作業和考試技術上犯了些瑕疵，而是由於大家都擠向大學之門，落第考生一年比一年增多，畢業學生就業又日見困難，因而聯招就成為眾矢之的。而所以形成如此嚴重的問題，則完全是由於教育制度上和人事待遇上種種「逼」使大家抱定升學主義和文憑主義等等人為因素所造成。在當前限定錄取名額以及政府不能採取分發就業的情況下，唯有從教育制度和人事待遇兩方面剷除那些造成升學主義和文憑主義的人為因素，亦即如前述解決「學位」嚴格的管制，建立以學徒制為中心的職業教育體系，以及開創用人唯才的人事制度，疏導了升學競爭的風氣，配合了就業環境的需求，才是解決青年升學就業正本清源的根本之途，所謂聯考存廢之爭與此無關緊要。

——原載於《中國論壇》第三卷第二期

民國六十五 (1976) 年十月二十五日

二十四、有效融資以紓商困

一

近來各方新聞報導，目前工商界幾乎所有外銷行業，尤其所謂「艱苦工業」如化纖業、鋼鐵、機器、植物油等，都發生資金週轉不靈，陷入困境，於是削價求現，同業火拼；高利借貸，以債養債；信用破產，瀕臨倒背。其影響所及，在經濟復甦中，外貿大幅順差，進口卻大量減少，識者無不為此隱憂。而工商企業在告貸無門之際，外匯存底已增至三十餘億美元，公營銀行竟有百餘億超額準備，除用以購買外匯而外，可說是任令爛掉，損失利息固屬不貲，工商企業各界更就此批評銀行業的缺失，有認政府未能紓解商困。

從本院頒佈「對於當前艱苦工業處理方針」，繼之成立融資小組，以至財政部及中央銀行同時公佈了「融資作業十二要點」以來，據中國時報上（十）月二十日專文報導，上述各項措施施行的效果似乎有限，僅有「一小撮」廠商得到實益，無法照顧群體企業利益，也無法解決企業體系的共同困難。當二十二日中央銀行宣佈降低貼放與存款利率，次（二十三）日中國時報就此事分析，認為「降低利率不一定會促進融資放寬」，「這一次的降低利率，絕不會促使信用擴充，除非金融當局另採放寬辦法」。又據經濟日報二十四日社論指出：「放款利率降低了，雖然降低的幅度很小，但可以減輕工商業的利息負擔，也就能減輕成本，這是應可充飢的餅。」但是，「現在這個餅，對於工商業並不能充飢。因為工商業如果要享受降低後的利率，按照現在銀行的規定，必須先還清舊帳，前帳未清，便免開尊口了」。

二

分析目前若干工商企業之所以陷入艱苦境地，論者多認為是咎由自取。主要肇因於盲目擴充，經營不善；內銷太少，同業火拼。加之財務結構不健全，以至於無法申請到融資，而且被逼追繳舊欠，於是百病齊發，一籌莫展。在銀行方面，從「啟達案」發生後，對工商業放款突減且逼追舊欠，究其原因，固是由於承辦貸款人員為了「自保」，以免造成呆帳，受到牽連，而申請貸款者條件不合規定要求亦是其要因。至於「融資小組」的成立，由於不能為授信銀行免除「行政」上責任，所通過貸款案轉送至銀行亦只作「參考」而已，並無實質上拘束力，該小組自是形同虛設。

很顯然的，當前政府對於紓解工商艱困無法亦無能全面給予融資，而且本乎救急不救貧原則，對於某些無發展前途的工商業，應使其改變經營方針，俾有利於未來經濟結構的轉變，經濟發展的升高。然而，各行各業如發生連鎖倒閉風氣，則非屬淘汰某種個別企業的問題。而且，很多所謂艱苦工業，皆為政府公營銀行債主，任令倒閉，自也是銀行債權的損失，再如造成社會與經濟的問題，其危害程度更不必論述。

三

放寬融資不唯工商界所渴望，事實上，院長在本院與立法院會中早已多次提出如此要求。十月二十七日中央銀行發表金融統計指出，九月底貨幣供給額為一千兩百二十四億，比八月底降低百分之零點四，銀行超額準備已達一百三十二億元，顯示銀行準備情況亦趨寬鬆。唯鑒於政府對工商企業已貸放出三千億元以上，再如貸出千百億元，是否能就此解除商困，拯救艱苦工業，就當前一片呼求融資聲中測度，自須存疑。當然，銀行現代化問題乃屬必須大力革新，計日程功的重要課題。然就目前紓解商困而言，確定放寬融資原則與確保放款安全雙方面作一整體規劃，分析其可行途徑，當為切要之圖，下述分析芻見可供參考採行：

其一，以超額外匯準備設立融資基金並辦理計劃貸款——現在外匯

存底已累積至三十億美金，且在直線上升之結果，既賠上利息損失，也使國內有限資源供國外利用；銀行超額準備超過一百三十餘億，任其爛掉，甚為急需資金的工商企業所不諒解。是故如何有效運用超額準備，已非限於紓解商困，而成為財政、金融與經濟方面亟待妥善處理的重要課題。學者專家已就此提出各種建議，足資參證。然就放寬融資與有效運用超額準備而論，當應以銀行超額準備，即以除開足供三個月外貿進口所需之外匯準備的「超額」外匯存底，設為融資基金，預先採購農工原料，進口設備，購買技術 (know-how)；並辦理計劃貸款，在不使信用過度擴張要求之下，以「聯合外銷」授信為主要對象，力求放寬融資。同時，對公營銀行績效之考核除以盈虧作標準而外，則以存、放款營運方式、幅度、以及授信對象之多寡為主要依據，來促其積極從事放寬融資，以免因超額準備過多而遭受損失。

其二，訂定融資合理尺度——據今年七月二十一日中央日報社論就台灣銀行一項工礦企業資金調查報告，六十三年底企業之流動資金與流動負債比率為一百一十一點七，各業自備資金僅佔百分之三十四點二，而借貸資金中，國內銀行貸款竟佔百分之七十八點三六，已超過安全標準。所以，無論從企業財務結構與公營銀行放款安全起見，必須明訂一種合理尺度，公諸社會，嚴格遵循，來促使公商企業務須自行增資，以健全財務結構，以杜絕虛設行號，「以債養債」的「欺」業。

其三，依申報綜合所得稅額取代業績憑以申貸融資——對工商企業放寬融資的主要目的是為獎勵外銷，發展經濟以富國裕民。是故對外銷績優者定期獎勵，依「業績」分配出口數額，甚至此番規定申請融資最高限額亦以去年「業績」作為計算因素之一。然探求實際，並不盡符獎勵的本意。就根據「業績」分配出口數額而論，已發生有不事生產而轉售「出口配額」賺取不當利得，因此憤慨不平之鳴早有所聞。購買「出口配額」也提高了成本，削弱了對外的競爭力。其實，工商業出口賺錢對富國裕民究有何實際助益，當依其所繳綜合所得稅多寡而定，如果逃稅漏稅，賺不正當之錢，不僅無助於公益，且為風氣敗壞的罪惡根源。

準此，對於自有朋馳轎車數輛的商人竟是「依法」免報所得稅者；在陽明山上置有上億房地產的富商，近四年來所申報綜合所得稅總共僅僅兩百萬元者，類此商人，雖然外銷「業績」特優，也不應將之列為融資對象。融資額限自須依據申報綜合所得稅多寡與資本額及其週轉額作成合理計算公式決定之。

其四，對中小企業力求放寬融資——檢討啟達案違規貸款造成呆帳因素之一，是集中大戶重覆貸款。而中小企業由於規模小，無人事關係，基礎欠固，風險較大，欲得所需融資，有形容之比登天還難。中小企業以所持信用狀向銀行抵押申請融資，因其多屬短期且為數甚少之額數，銀行所收手續費不夠成本，又因承辦人手不足，於是自行「設限」藉故拒絕。中小企業銀行成立之後，則又為一般商、專業銀行增加一種拒貸的理由，使中小企業者為之「氣結」。目前國內中小企業所佔生產單位數，雇用員工數比重皆在百分之九十以上，以一個甫行成立，資金極其有限的中小企業銀行，如何能支應如許多行業的需求。為積極拓展外銷，為謀求整體發展，對中小企業必須設法放寬其融資。此宜：1. 增加銀行貼現作業的人手；2. 增加中小企業銀行的資金；3. 財團法人中小企業信用保證基金鼓勵其增資，積極運用；4. 規定各公營銀行對中小企業貸款繳費的比例；以及 5. 台銀實施甚有成效的「衛星工廠貸款辦法」可擴大推行於全國各公營銀行。中小企業得到所需融資，則所謂商困，於焉近乎解除。

其五，改進「聯貸」作業，推行「聯保」制度——「聯貸」亦有稱「統案」或「專案」貸款，多為有人情關係者奔走門路爭貸而得。且因「聯貸」結果，某一申貸者為一家銀行所拒貸，其他銀行亦相繼跟進，而喪失一次以上的申貸機會。經濟日報於八月十八日分析建議：「可由財政部規定聯貸銀行不得有『否決權』，或決定凡是拒絕聯貸的銀行，在企業情形好轉，已有能力償還以前所欠下之貸款時，這家銀行將是該企業還款的最後一家。」此說當有參考價值。然因當前艱苦工業無法向銀行申請得貸款，皆因舊債積欠未清，所能抵押借款的財物均已抵押，

以時價重估抵押品價值，其手續繁複亦無標準可能；以第二、三順位再申貸融資，很可能重覆貸款亦無安全保障，銀行自不便接受。加之銀行徵信工作欠健全，信用貸款很難安心授予，在此情況下，不如推行「聯保」制度，即規定在申貸額數內，如覓得兩家以上非關係企業公司作保證，即可授予信用貸款。又，為免聯保浮濫起見，宜訂定簡約，其中規定，每一公司企業保證申貸總額數若干，以及保證與被保證各以三次為限。此為放寬融資，紓解商困的權變之方，但亦可以此促進企業間之推廣合作。

其六，製發「融資信用卡」以加強徵信稽查——從啟達案之檢討所知，重覆抵押，徵信不足；重覆融資，查驗困難，是為作業方面最大缺失。今後設如以每一申貸融資廠商為單位，設計一種「融資信用卡」，其中註明廠商名籍資金等基本資料而外，主要在敘明該廠商融資最高額數，全部融資記錄，及其信用方面有無不良記錄等等資料，製發每一廠商，規定廠商申貸融資時，必須憑卡辦理，則重覆抵押，重覆融資，特別是如啟達集團負責人虛設行號，甚至辦公室、電話，均與啟達相同，開出客票為自己擔保的情形，必然可以防止。

其七，實施企業評鑑，免除行政責任——宣佈成立融資小組之初，工商界曾寄予莫大厚望，但因融資小組並非「銀行聯合貸款中心」，對於融資小組決議案而放款的銀行亦不能免除其「行政上」責任，且基於不干涉銀行行政的原則，嗣即有主張融資小組不宜長期設立的議論。事實上融資小組亦不便「決定」何者可貸，何人不合「規定」，真正問題在於銀行作業人員在不貪污、不舞弊情形下，依正常作業放款，一旦形成呆帳，是否可免除其「行政責任」。今如將融資小組改設為「企業評鑑小組」，小組成員分為當然與臨時遴選兩類，即由銀行主管、企業界碩彥之士、以及專家學者各三分之一組成，就每一企業作定期與不定期評鑑其現有資產與發展潛力，並決定其最大可能融資的數額，以及政府如何協助輔導其經營發展。此項制度一旦建立，對於全盤徵信工作有其重大價值，即銀行貸放款項所承擔何種風險，亦有所準據，而不致藉詞

推諉，不認真貫徹放寬融資的要求。

其八，以集中支付加強追蹤督導，來防止「流用」弊端——銀行放款所以常常發生呆帳，在於款項貸出後，疏於繼續追蹤督導，或人力不濟，無法一一進行督導。而某些工商企業一旦貸得款項即不按原定申貸目的而任意「流用」，甚至賺得利潤後，設法將資金逃避國外，再以艱困為由，又要求政府協助給予融資，否則倒背倒債，銀行所貸款項悉成呆帳。此類弊端實是改進融資作業中最為棘手而必須矯正的根本問題。就實際現況而言，如果採行中央銀行「集中支付」的精神與辦法，由各銀行聯合設立「集中支付」處，或由各銀行稽查徵信單位分別辦理此項作業，則銀行對於工商企業所貸之款項如何運用？是否正當？有無「流用」？營運是否正常？有無資金逃避情事？皆可因以了解而便於掌握。不僅是最簡便有效的追蹤辦法，也可為銀行減少貸款風險，也可能有利於貨幣供給額的控制。

四

放寬融資以紓解商困乃屬濟急之方，其治本之道則在於工商企業自身改善其管理以降低成本；政府掌握企業發展政策，以免盲目擴充遭受無未損失；以及健全金融市場，有便業者自我籌措資金，業者的密切配合。

以改善企業經營管理而言，若干公司企業無一本完整的會計帳目，遑論財務報告由會計師簽證，無法申貸得款項自屬必然。高利借貸，飲鴆止渴，內部管理不善，形成浪費結果，又使生產成本增高，外銷競爭力降低，於是訂單減少，週轉尤難，惡性循環，日見嚴重。是故工商業者必須改善管理以降低成本，自助以得人助，早為識者所提出。然「當局者迷」，業者可能有改革之心，但家族式的企業經營，實無改革之能，政府也無足夠人才與人手一一協助輔導。即以促其產業合併而言，問題重重，並非一蹴可成。有效之策，當以由政府經貿單位與研展部門鼓勵

並補助各行業聯合成立組織與方法 (O&M) 單位，從事企業診斷與研究發展工作，使由家族企業個人經營方式，逐步邁向現代化企業經營途徑，對於國家全盤經濟結構的轉變而至經濟發展的升高，助益皆不可限量。

據分析所知，當前艱苦工業促成之因，固在於企業自身管理不善，財務結構不健全，但有五十一年計劃型外銷貸款，不僅利率低，而且採取先借後還的循環運用方式，信用由是過份膨脹，很多工業多以「負債促進成長」，不思以盈餘轉增資以改善財務結構，而且大量拓展外銷，信用緊縮，凡擴充過速者，艱困越大。六十三年初計劃型外銷貸款雖然取消，然因欠缺一種明確的工業發展政策，指引與輔導企業何者應予擴充，何者應予轉變經營策略，致有今日的「苦果」。因此，放寬融資紓解商困之際，亟宜同時訂定輔導方案，對應擴充的企業列入計劃，主動予以協助，不宜再求發展者，則及時輔導其轉業。如此，對企業經營，對經濟發展皆有必要。

再次，政府銀行資金終屬有限，所予工商企業融資，並不能全面解決如當前工商企業界資金短絀的問題，根本之圖是為建立貨幣市場。目前已成立有中興證券公司，發行商業本票已見其績效，所認為採取分離課稅辦法以利誘導資金進入金融市場的建議，亦為財政部考慮採行，自有利於貨幣市場的建立。今後，再次成立第二、三家證券公司，積極推廣發行商業本票的業務，使短期資金問題自求解決；再擇定若干專業銀行發行金融債券，吸收國民儲蓄存款，作為工商界中、長期營運資金的來源。工商業建立了自己的金融貨幣市場，不再依賴政府融資，而且在政府融資，而且在政府健全的工商政策指導之下，致力管理革新，邁向經營現代化，紓解商困的終極目的才能達至。

——原載於《新聞分析》第五十一號
民國六十五 (1976) 年十一月四日

二十五、意見溝通的有效方法
——推行獎勵建議制度

——民國六十六年對經濟部司處科長以上主管人員現代管理研討會講詞

　　談到管理的意義，最簡明的定義，可以解釋為「目標的設定與達成的一種『過程』」。在這「過程」當中，管理方面所表現的基本功能有五種，即是費堯 (Henri Fayol) 所說的：第一是規劃，第二是組織，第三是指揮領導或激勵，第四是溝通協調，第五是管制考核。費堯且將這五種功能認之為人類管理活動所共有的基本功能。事實上確是如此。我們可以看到各個政府機關、軍事單位和工商企業界，彼此的組織目的和組織功能各不相同，就是一個部如貴經濟部內的各局各司處，彼此的業務也不相同——但是，在管理方面的活動，都是一樣的，軍事機關為了打勝仗也好，工商企業為了賺錢也好，政府機關為民提供良好的服務，實現國家的目的也好，都要講求規劃、組織、指揮領導或激勵，都要做好意見溝通，也要管制考核，這樣才能有利於任務使命的達成，實現了組織的目的。

　　現在，我們所研討的題目「意見溝通」就是這五種基本管理功能之中的一項功能。而且是極重要的一項功能，有學者就認為溝通協調乃是管理基本功能當中的基礎。這也是對的，因為欲求規劃完善、組織健全、組織靈便、管考確實，都要把溝通協調的工作先做好，意見溝通的重要性於此可以想見。對於主管人員來說，尤為重要。例如巴納德 (Chester I. Barnard) 不僅以溝通作為管理的中心課題，而且肯定的說：「主管人員乃是最首要的溝通中心。」(The Executive was Primarily a Communication Centre.) 這是因為主管人員權力權利的行使，皆是以溝通為中心。從政策的決定，以至政策的貫徹，沒有溝通意見的方法，根本無法獲得他人的合作，不能發揮團體力量，來達成其任務使命。

　　談到溝通一詞，很多人會將之解釋為各種的事物。如有些人會想到

書信、文件、報告以及小冊子等等書面溝通的文件。另外有些人可能會想到現代的通訊設施——如電話、電報、無線電、電視等等視聽方面的溝通工具。還有一些人只可能會想到各種座談、討論、會議或協商等等平行溝通的形式。這些想法和看法都不錯。但如以此來給「意見溝通」下個很明確的定義就顯得太繁複了。簡明的說法是如 William H. Newman 與 Charles E. Summer 對「意見溝通」的解釋，即是：二人或二人以上相互交換事實、意見構想或是感情，使彼此之間或與組織中其他成員有共同一致的了解與認識。然就一個機關的主管而言，「意見溝通」乃是使機關職員對機關的問題與任務獲得共同了解，使思想一致精神團結，而相互信賴的方法和程序。由此可知，所有溝通的工具和媒體都有一個目標，即是交換訊息、思想、狀態、觀念以及意見等。而交換的要件即是了解。

溝通的特性或要素

要達到了解，意見溝通就必須合乎溝通的特性或要件，這些特性要見，可分為六種：

第一，必須是雙向溝通——也就是說，必須是往來式的，雙方要作自由溝通之際，越能成功地充份交換思想、觀念，也就越能達至了解的途徑。

第二，必須有輸送者與接受者——也就是說，它必須有二人以上言之有物，一人在輸送，另一人在接受。

第三，必須有共同的媒介——溝通所用的語言文字必須和所欲傳達的人兩者意義一致，彼此共同了解。

第四，必須言行一致——這是很重要的一項因素，因為語言的意義並不在語言的本身，而在於我們自己。所謂言教不如身教，行為的語言較之語言大為響亮而可信。

第五，必須繼續溝通——所謂「重覆乃是學習之母」。講說一次，

常會失之「聽而不聞」(deaf ears)，唯有重覆溝通才望其作到有效溝通。而最重要的是——

第六，必須要反饋——溝通的管道是否暢通，尚待我們知悉接受者已經了解才可確定。所以，訊息傳達以後，必須盡其可能來鼓勵接受者表示他了解的程度。

一般來說，作到有效溝通並不容易，因為在意見溝通過程中，如發動、傳遞、接受三者之中，每一步驟都可能存有障礙，而使溝通發生阻塞或導致誤解。這些可能的障礙一般說來，有下列諸法：

（一）地位上的障礙。很顯然的，由於地位上的距離，使上下之間的意見溝通發生困難，乃是機關組織中共有的現象，很難克服的障礙之一，因為在上位者每每自以為是，或是為了保持個人地位的尊嚴，及神秘性，多不肯抱著「不恥下問」的態度向部屬開口，下位的人員也存自卑或自保心理，沒有機會或心不情願向上的坦率陳言，或是說了，皆是討好上級的話，使上級對現況總有一份「滿意」的錯覺。再則，居下位者，不僅是覺得人微言輕而不願說話，即便說了，也會為層層節制的主管將意見的內容加以簡化綜合以至變更，到了最後，送到高階層主管面前，可能是面目全非，不知所云了。

（二）地理上的障礙。機關工作單位過於分散，難作面對面的協商交談，也是溝通的障礙之一。雖然現在溝通的設施為電話、電報等等技術確是盡不迅速，但以此代替當面交談，既受到限制，一則受「量」的限制，電話電報既不為當面所談能「暢所欲言」。再則受「經濟」的限制，使用長距離的任何現代通訊設備，皆較彼此相處一室當面交談花費過多。而且，這些溝通方式皆不能如面談可以表情、姿勢、語氣的協助來得生動有力。再則，總機關與分支機關也往往因地理上的距離而產生溝通不足的情形，例如總管機關已將重要決策透過電視空傳於美國，但分支機構還未收到總管機關的正式通知，有關人員就前來詢問詳情或要求新的決策辦理，處境就相當尷尬。或是過份的溝通，也會造成溝通障礙，就是說總管機關為了對下級分支機關嚴予要求，屬行督導起見，往

往將很多規章辦法、會報訓令作業手冊等分別送至下級，下級無法一一辦理，也就一律束之高閣檔案存查。這種意見溝通乃是毫無作用。

（三）語文上的障礙。這是最嚴重的障礙之一，不用彼此共同了解的語文，當然是無法溝通，但使用了共同的語文，也會發生障礙，主要因為語文和所須表達的與活生生的事物仍有很大的距離。再如使用陳腔濫調，或是如江湖生活的專門術語，既無感情，也會誤解，或是根本不懂。

（四）心理上的障礙。人們總有先入為主的習性，對人生的看法，其最弱的認識或印象總是牢不可附的存在心理，作為評斷或取捨後來訊息的尺度，如果上下彼此之間的觀點不同，要想作有效的溝通就很困難了。再如上級對下級要求報告的事項太多，部下認為是一種侮辱而無言以對。或是上級討厭下級經常向其報告實際困難問題，使部下怕上級認為他無能而三緘其口，也會在心理上造成嚴重的障礙。

（五）其他方面的障礙。例如為了保密而發生的有意的障礙，或因工作過於繁忙，主管無暇顧及溝通，部下也無法一一向上級陳述詳情。這些都是溝通過程中常可見及的障礙。如何克服這些障礙，我們可就溝通的方式，溝通的管道，再分別加以論述。

溝通的方式通常有將之分為正式溝通如命令公告，和非正式溝通如餐會、旅遊等。但如以溝通的媒體為主，討論最多而且最為主要的是為口頭或語言溝通，和文字或書面溝通。

溝通的方式

（一）口頭或語言溝通，有兩種方式：

1. 個別的——凡在下達特殊指示或訓令時，當某項政策或決策直接影響及個人時，當檢查某個人是否已了解時，當不適應於或無必要宣知於團體大眾時；則採個別的方式。

2. 團體的——當溝通必須急速進行時，當所有人員必須在同時獲得

某種相同的情報之時，當主管希望或團體要求實施團體參與之時，當借助於「關鍵」員工的助力來影響大眾員工之時，當同一性質的指示必須為全體份子所遵行之時，則實施團體的溝通方式。

聽的問題：

在口頭語言溝通方面，最重要的因素就是聽的問題。即是要避免不良習慣的聽法。例如：就聽的速度來說，思想的速度是每分鐘四百個字，談話的速度是每分鐘二百七十五個字。當講話者以正常速度談話時，聽者就可能利用這一差距而神遊他方，想到其他美妙的事物。

還有些聽者只急急地要求對方直接了當的講事實和數字，不能耐心聽詳細情形，或是認為說者對方是不重要之人，對於他人所講的話也就不予重視，偽裝在聽，實則聽而不聞。

或是情緒很不好，一邊聽，一邊想到煩苦的事。或是邊聽邊寫，其忙於書寫筆記而不能全神貫注去聽。

還有些不良的聽的習慣，諸如「情緒上的蒙蔽」，就是當聽到某些使他很高興的話，就只想到這些好聽的話，而不能再靜心地去聽以下的話。

或是規避艱難的話題，不願去聽那些需要多加思考的話，也不想去用心體會「字裡行間」所謂「雙關語」的真正有意義的話。這些都算是不良習慣的聽法，都要力求避免。

書面溝通：

應用書面溝通的理由主要為：（一）避免錯誤——口頭溝通經過三人以上，其內容可能就會變更了，如經過很多人傳述，到最後將是不知所云了。書面文字則不致發生如此錯誤。（二）為了保存合法的查案記錄。（三）由於文函信件可以在下班時間口述，尚可以節省時間。

書面溝通最重要的要求是「易讀」(readability)——必須使之適合於溝通對象的水準。如何測驗是否「易讀」，這有兩種方式：

第一是費爾希 (Rudolf Flesch) 公式，在他所著 The Art of Plain Talk 一書中認為「標準的」易讀，必須有百分之八十三以上的人能讀得懂，能

了解。計算的公式是就書中某一段落的一百個字，其平均的句長為十五至十七個字，大約有一百四十至一百四十七個音節，以及每百字中的人稱就涉及六個人稱（你、我、他）。

第二種是甘寧 (Robert Gunning) 的計算方法，也是以一百字為準，先求其平均的句長為幾個字，再計算其中「難」字有多少，將這兩種數字加起來，除以零點四，其所得商數如是八，則該文件如我們國中生就可讀了。如商數為十四以上，則須大學程度才可能讀懂。

這兩種方式都是用於英文的，我們中文是否有人也研究過，個人尚不知其詳，但為根據上述辦法，也可得到幾項衡量的原則，第一是句子要短，二是要多口語化、用常用字，三是人稱不可舉得太多，此外所寫的內容也要富於關懷對方的感情，如此的殊面溝通效力就更大了。

溝通的媒體，除了語言、文字外，尚有圖畫、姿勢、表情、聲音、行為等等。

溝通的管道及其方法與要領

溝通的管道在學理上可概分為下行、平行與上行溝通三種。但實際上常因溝通的管道存有障礙，而不能發生效用，或根本不通。

最值得高級主管們注意的是，對於溝通管道往往有一不太正確的安全感，就是假定他的各級主管們已為他在上下之間溝通提供了一種很明晰的管道，對部際之間平行的溝通也同樣可以信賴。實際上並不如此。極大多數監督階層的管理人員都是障礙多於橋樑，並且是溝通障礙多於溝通中心的橋樑，也就是每一階層主管都會形成溝通的瓶頸。以下分別說明三種溝通管道的方法與要領。

就下行溝通來說：

下行溝通的目的是「為了發佈命令和提供指導和訓令等等，使上級的意志能明白而切實的傳達於下級，使之了解而有利於任務使命的達成」。下行溝通如是保持暢通，員工也深信管理者的良好意圖，對於主

管們所說的話也就深信不疑，對所服務的單位也不會存有任何不滿的情緒。反之，員工對於溝通者主管不信任時，使用任何溝通方式，其反應都不會有良好的成效。

據哥倫比亞大學企管研究所 Dr Leonard Sayles 發現下述諸項因素皆是造成下行溝通的障礙：

1. 同一語言文字對於不同的人事有不同的意義。

2. 說話者與聽話者彼此背景與經驗各不相同。

3. 員工尚未了解的訊息又變更了內容，也就是朝令夕改。

4. 上司曾失信於部下。

5. 員工有先入為主的成見。

6. 牢不可破的信念而左右著個人的見聞。對於創新的或重大的改革就不太了解與順從。

7. 下級懷疑上司的動機。

8. 員工一旦發覺團體將要改變他的思想觀念，他因此也就不熱心於溝通。

9. 溝通的內容不明白確實，模稜兩可，或有悖常理，或是辦不到，或是下級不善解人意。

10. 下級存有恐懼心理，於是唯唯是聽，人云亦云，作毫無意義的溝通。

下行溝通的方式，除了正式的公文書函，以及作業手冊等等而外，尚有其他非正式的溝通方式，諸如——

1. 機關的信條 (company creeds)——「機關信條」可以表示機關的價值觀念、理想、抱負、以及機關的重要政策，來指導員工，增強合作的信念。信條可以是一種很簡明扼要的說明書，或是就機關的目的與具體的目標作一詳細的敘述。該種信條通常印在紙張精美且便於保管的小冊子上。

2. 海報 (poster)——吸引人的海報乃是激勵員工的良好設施。大致來說，這些海報所表現的內容多屬安全工作、品質管制、提供良好服務、

建立成本觀念、避免浪費、財物保養、以及不無故缺勤等等。這些海報必須張貼在員工必經的要點，而且要經常更換。由於海報製作乃是一種藝術，在美國很多公司多向專門製作海報的商業公司去購買來應用。

3. 圖書館——很多機關的圖書館的職責就限於技術的主題，但有很多單位也提供一般的讀物。但不論為何，其服務設施應包括：出版的定期刊物，收集論文與書刊，保存本單位的案卷，應個人要求作特定項目研究，翻譯外國語文的報告、信建、以及其他文件，剪報資料處理，辦理實際交換工作。

4. 外部公文書刊 (outside service)——訂閱外部的公文書刊 (services)定期分配於每一管理人員，其目的在於保持主管人員「要知道」(in the know) 其他人正在做什麼，俾能增強本機關的活動與政策的執行。

5. 閱覽架 (reading racks)——閱覽架是用於傳送文件資料於員工，其主題可包括運動日程表、烹調、嗜好、家政、家庭預算、退休計劃、保健、稅務、經濟、自由企業、以至於與本單位有關的消息。閱覽架並不像其他溝通方式，它並不具有「強迫讀者」的性質，這項制度完全是自願的。

6. 影片——美國工商業界為了要告訴員工及一般大眾有關「商業故事」(business story)，每年要花費三億美金在影片方面，有些首屈一指的公司還擁有自己的導演與製片者。前年，我們新聞局製作「政府在為你做些什麼」的電視節目就是好例子。

7. 公共參觀接待室 (open house)——邀請公眾來參觀工廠、辦公室或是電子計算機中心的「內部情況」(insides)，它是具有雙重作用，其一是徐徐灌輸員工對做工作所在單位引以為榮，其次為能從參觀者對本單位的觀感來求進步。我國內也有類似辦法，但多是藉此做廣告，訴苦經，更不樂意聽到批評的話，實在要改進才好。

8. 擴大器 (loudspeakers)——擴大器或公共播音系統 (public addressing system) 可作為高階層主管人員與員工直接溝通的系統，它用於空傳一般的命令、指示、例如宣佈消防演習，教官訓話，以及為員工播送音樂。

9. 閉路電視 (closed-circuit TV)——閉路電視通常用於較高階層管理人員，居地分散而舉行宣傳大會。在極下層人員之間，則用於下達指示。

10. 家庭刊物 (house organs)——良好的家庭刊物較之其他溝通媒體更為有效，此因資訊的提供採取新聞故事與個人有關事物相結合的方式。一種家庭刊物通常有下列諸目標：（一）有關員工們福利事項提供迅速而確實的消息以解釋本單位的政策。（二）告知有關本單位的各種工作動態產品與服務事項。（三）嘉獎員工。（四）作為家庭與工作之間差距的橋樑。（五）促進安全和衛生的習性。（六）鼓勵發展抱負與創造力以及提高教育水準。（七）作為主管與員工之間聯繫物，解釋彼此的目的。

平行溝通 (lateral communication)：

根據調查研究所知，主管們用於平行溝通的時間，較之用於上行與下行溝通聯繫協調的時間要大得多，而平行溝通的次數尚在急速增加之中。事實上 Willard V. Merrihue 就說：「最為主管長官所關注的乃是因錯誤的平行溝通而引起的誤解、猜忌、喪失聯繫、協調不夠、以及彼此勾心鬥角。」因為「人們職務都是彼此相關聯的，人們必須能藉彼此關係來完成其工作，而不是完全依賴上級機關下達命令所能濟事的」。

平行溝通通常所經由的方式要如：（一）任務小組會議。（二）規劃協調會議，例如行政院的副首長會勘，對於院會的貢獻就相當的大，各種會報、小組，都是良好的平行溝通方式。此外如舉行集體演講，舉辦訓練講習等等。還有資訊中心的運用，尤其現在有 M-S 的設計，如能建立起來，更有益於平行溝通。

可是，平行溝通存有很多若干的障礙。例如直線與幕僚之間意見不一致，各機關之間因任務使命的不同，所持觀點和要求也就各異，都是形成障礙的因素。再如缺少一種共同的語言，特別是人們為急於保護自己的特權，或為憤恨他人給予勸告、干涉，或者指陳他們彼此猜忌，更是平行溝通方面最大的障礙。

主管們對於平行意見溝通，應當互有諒解並遵守下列準則：（一）

鼓勵部屬多作平行溝通，不論是正式的或非正式的方式。但要約束下屬
發表意見不可越權，或作政策性的承諾。並規定部屬所作平行溝通的結
果應向其報告，尤其是重大困難的問題要立即報告。以及涉及他人業務
事項一定要徵求他人的同意。因為這是溝通，不是授權參與決策會議。

　　謠言 (rumors)——愛說閒話似乎是人類的天性之一，所以任何單位都
會有謠言的發生。通常將謠言視之為員工之間非正式的溝通方式。主管
人員從謠言中可以察看到員工的態度。適當地利用謠言，也可為員工提
供一種情感發洩的途徑。謠言也可用於散佈有用的訊息，要想知道員工
們對於擬定中的政策或變革事項有何反應，也可應用有計劃的「謠言」
來滅除。

　　很顯然的，謠言也能因傳遞不正確的觀念或是較之正式通告更缺少
內容而導致不良影響。是故，有害的謠言必須加以防範。其方法要如透
過「反饋」管道、面談及「小型會議」(minute meetings)，來為員工的情
緒、希望和抱負提供一種自然發洩的途徑。

　　其次，凡屬對員工有影響的變革事項儘量先予通知。務須降低不正
常的躁急和猜忌。

　　美國政府於 1967 年四月就成立了謠言管制中心。現今美國共有三十
個以上的謠言管制中心，對於了解人們心理緊張，達到社會控制，調解
與便利的目的，甚有效用。

　　順便談及的是對外的平行溝通也是極為重要的。美國文官委員會在
各地區各大城市以至重要機關皆成立一個新聞資料中心，為民眾提供各
種的書面資料，回答各種諮詢的問題，甚至從中指引協助民眾向政府機
關辦理公務。這是很值得我們仿效的良好設施。

　　我們知道，政府與民眾之間的溝通，除了具有良好的基本要件，如
（一）單一的語言、文字，（二）一致的宗教信仰，以及（三）普及的
大眾傳播工具而外，有良好而健全的聯繫組織是有效溝通的必要條件。
例如各位所了解的，法國的經濟計劃是一種典型的指示性的經濟計劃，
但它為什麼能作到有效的溝通，全國公民營企業都能自動而樂願地合作

支持呢？就是由於他們在經濟規劃方面有良好的意見溝通的組織，這就是在法國內閣的經濟企劃長官及公署之下尚設有「現代化委員會」，再以下設「專案工作小組」，「專案工作小組」的組成份子，除政府官員而外，尚有工會代表、農業專家、企業主持人、各職業團體代表、以及其他專家學者、青年運動者與地方政府代表等，總共人數由第一期三年計劃四百九十四人，到第五期經濟計劃參與的人數就增加到一千九百五十人之眾。可以說，計劃長官所擬訂的經濟計劃，完全是依據工作小組所提背景資料而設定的。斯皆因有良好的意見溝通組織而然，甚值我們參考。

上行溝通：

簡言之，上行溝通的目的要為：（一）鼓勵員工就機關組織的政策計劃充份加以討論。（二）在組織中建立一種明確的管道以輸送訊息，意見與員工態度傾向於上級。（三）良好的上行溝通，還可鼓勵員工們為機關、為工作貢獻他們的很有價值的建設意見，來增進工作效率。

可是，上行溝通的障礙相當地多，尤其是如主管不重視下級意見，則根本談不到「上行溝通」這回事。據美國新澤西州普林斯登「意見研究公司」所作一項「員工與基層主管對於上行溝通的認識」研究發現，上行溝通的障礙，在主管人員方面要在於（一）上級主管人員恐怕因交談而使員工「親近」，而糾纏不休。（二）又認為管理並不是為解決員工的問題，主管人員就不必對員工的建議意見有所反應。（三）或是缺少溝通的訓練。（四）或者認為上行溝通沒有必要。

上行溝通的方式，除了常用的工作座談會議和報告而外，尚有——

（一）意見調查：值得注意的是，意見調查之後，除非將不滿意之點迅速加以改進，否則將得到比不調查更壞的反應或損害。所以有很多單位於意見調查之後，安排一個監督小組會議來追蹤工作改進。

（二）申訴會議 (grievance meetings)：這也是一種有效的溝通制度。從員工所申訴的不平之鳴，或抱怨的情事中，可以及早發現與改進工作情境方面的缺失，而作防患於未然的措施。

（三）熱線電話 (hot-line telephones)：熱線電話可裝置在主要場所 (strategic locations)，員工們可以拿起電話，聽到錄音講話中告知有關工廠中各種重要狀況。通常，每天準備一份錄音帶，錄下各種不同的主題——例如安全通冊，公司新聞，或是有關公司計劃方案的訊息。讓員工了解，要求員工注意和提供良好的建設意見。

推行「獎勵建議制度」

另一種最有效的溝通方式是為推行「獎勵建議制度」。這不僅是上行溝通最佳的管道，是平行溝通最有效的方式，也能促進下行溝通的成效。不僅如此，獎勵建議制度的推行還有其他方面的良好作用和貢獻。因為這項制度在美國及其他先進國家推行有年，成效日著。工商企業界無不稱譽之為降低生產成本之鑰，政府機關則認之為最具成效的管理工具。

以美國而言，早在 1880 年就由蘇格蘭將這項制度的構想引進美國，自後工商企業界普遍實施的結果，在 1974 年其投入產出已達至一比六點五以上。而聯邦政府於 1954 年由國會立法普遍推行於全國各行政機關與軍事單位，迄今已節省了公帑或所得利益已超過四十億美金。而且，實施獎勵建議制度無論在工商企業或政府機關，皆可因以培養團隊精神，增進人際關係，在「融合的原則」下，順利達成組織的使命與目的，這種利益更是無法估計。

依據梅納德參照各家學說，和實際情況，將推行「獎勵建議制度」的目的和利益說明如下：

（一）在基本目標方面有：

1. 降低生產成本。

2. 激發員工創造的思想。

3. 嘉勉與獎勵有特殊貢獻的員工個人。

4. 保證建設意見能作公正的審議和最大的運用。

5. 改進雇主與員工之間的關係。

（二）次要的利益：

1. 可改進競爭的態度。

2. 可養成員工更為良好的合作態度。

3. 能滿足個人的成就感。

4. 可以發掘真正的人才。

5. 能由此建立雙向溝通的制度。

6. 可使主管人員注意到未實施此項制度可能無法發現的重大問題。

7. 也可為訓練創造力與工作簡化提供很自然的媒體和工具。

8. 以及培養成員工們與他們的主管監督者之間的團隊精神。

就政府方面以言，實施獎勵建議制度，不僅有利於政府管理階層，參加建設的員工以至納稅的國民皆受其惠，美國文官委員會曾就事實分別加以說明：在政府機關方面——可藉獎勵建議制度的推行而以極少的投資獲得最大的利益，可為納稅人提供更好的服務，改善安全設施，以及改進工作方法。在主管與員工之間，也可因推行獎勵建議制度而大大增進了良好關係。至於建議者員工，有獎勵建議制度的推行，可以為員工們在其日常工作以外提供一種藉可表現其主動創造的能力和志趣的機會，使他們因表現其才幹而能贏得上級主管和同事們的賞識和讚譽，當然也可獲得適當的獎金。當員工熱心參加建議過程中，也可以增進他們的研究能力，經驗見聞，有益於他們的事業發展。

獎勵建議制度的真精神

我們政府機關與工商企業很重視建議，但在方法上實在不能視之為獎勵建議制度。提到「獎勵建議制度」，有很多人可能會將之視為意見和設置辦法，這更是個大大的誤解，必須先就「獎勵建議制度」的真精神稍加說明，才能對之有正確的認識，不致被誤認為意見和設置辦法而加以忽略。

第一，有健全的行政組織和周詳的作業程序。

獎勵建議制度與「意見箱」設置辦法，無論在精神上或實質上，最大不同之點在於一個有適當的行政組織，如設置審議委員會、指定承辦單位以及專兼任的建議案調查人員等等有關作業程序皆有周詳地公佈通知，而另一則否。意見箱之所以使人失去信心者，其主因之一即在此。因為「意見」投入「箱」中，不是石沉大海，就是徒增困擾。在已經設有「意見箱」的單位，如果想把獎勵建議制度真正能有效地推廣開來，如何宣導員工們不以「意見箱」的觀念與態度來看待獎勵建議制度，自須花點智慧與精力才行。

二，徵求具體可行辦法。

鼓勵員工建議不是要員工來寫長篇大論的文章，也不是如「腦力激盪法」(brainstorming) 讓與會的員工們漫無邊際地說些異想天開的「意見」，而是鼓勵員工就事論事，提出具體可行的辦法來，並且要以文字書寫於規定的表格上，以便利於調查研究。在建議表上必須寫明現行辦法，建議改進或修正的辦法，以及採行該辦法後可能獲得的利益，所以任何建議絕不可能是空泛的議論。也就成為推行獎勵建議制度必須重視的特色，自然也是既有意義且有價值的事。

三，實施詳實的調查與公正的審議。

員工所提建議意見，即使顯見其具體可行，但如不經過一番詳實的調查與公正的審議，作成採行與否的意見，即提陳於主管，將使決策者處理此項建議意見，產生莫名的困擾。尤其是高階層主管人員，時間有限，而對不成熟的建議意見，實在傷腦筋。一種我們可常見到的事實，即有若干機關首長或是企業主持人，求治心切，鼓勵員工提供研究發展的興革意見，員工也熱烈響應，提出了成千上百的建議意見，不經調查審議，即直接陳達至主管，結果不是累得主管「焦頭爛額」地來處理，就是心有餘而力不足地將這些可能具有極其重大價值的建議意見放在抽屜裡提供「參考」而已。推行了獎勵建議制度，就不會發生這種現象，可以說是幫助主管來解決問題。

四，公佈明確的獎勵政策。

過去的「意見箱」所以不能收到預期的效果，其另一重大原因乃是它沒有一項明確而完整的獎勵政策，忽視了建議者應得的酬報，縱有獎勵之舉，也只是一種任意的、象徵式的勉勵。獎勵建議制度則不然，它基於人性的需求，以激勵員工為著眼，並配合人事運用政策，而訂有具體明確的獎勵辦法，不僅建議者優秀員工獲有應得的獎勵，而且也可以為公司組織通過獎勵建議制度選拔得所需人才。設計與實施自己的獎勵建議制度，必須把握住這項精神，才能把該制度的功能發揮到極致的地步。

五，訂定權利保障的措施。

獎勵建議制度另一項特色即是對個人意見與知識的尊重。對於發明創造建議者賦予類似「專利權」的保障，如此可以有效地鼓勵員工積極地發揮他們創造發明的智能，取之不盡且極其可貴的人力資源因能開拓與利用，無異為公司組織增添了一種極具發展性的「資本」財富。

很顯然的，獎勵建議制度的真精神不止於上述數端。試想，一項實施著有成效的獎勵建議制度，可以為本單位培養成團隊精神，可使員工大眾時時刻刻為本單位的利益著想，而竭智盡慮地貢獻其所長所能，做到群策群力，集體創造的地步，也會使各種管理科學的推行，主管任何決策的貫徹，以至組織目標的達成，因而有了確實而可靠的成功保證。僅此一點，就值得機關首長的重視。此外還有其他的作用。

今天政府確是要求做到廣開言路，蔣院長提出的十項革新指示中，其中第十項就明白規定：「向上級提出意見是每一工作人員之權利，接納部屬意見是每位主管的義務。」此後又倡導推行「大公開」案，做到「意見公開」。並且指出：「一個好幹部，除了將上級交付的任務徹底執行而外，而且要能主動的提出許多辦法來改進自己的工作，對於政府與民眾之間更希望做到『雙向溝通』。」可是，總因沒有一套實實在在的具體的實施辦法，這些要求和期望似乎仍屬一種「觀念」，推行「獎勵建議制度」正是建立直接溝通管道最有效的方法，可以將院長的希望

和要求都能具體地予以實現。

有些反對實施獎勵建議制度的人會這樣說，算啦，你不必定個什麼計劃以便員工們告訴你如何管理你的事業，他們有意見的話，自會告訴他們的上司付諸實施的。

這種假定對不對呢？依據多方調查研究結果所知，員工們基於好些理由或原因，他們並不將建議意見告知他們的上司。

其一，他們覺得他們的上司通常都是相當忙碌的，沒有時間來靜心和耐心聽起他們的需求和意見。

其二，可經常發現的是，不建立一種制度，員工就不便向主管長官提供建議，而以隨意的方式來處理建議意見，可能不知道誰是真正的建議者，獎勵時也就張冠李戴，弄錯了對象。

其三，怕被指為自私的動機。上司為他增加工作獎金，別人會說他工作不做，只會逢迎說好話的老怪物。

其四，員工不願直接向上司提供建議意見也因為如果有許多建議意見拒未採納的話，怕受到惡意的奚落和攻擊。

其五，將建議意見由上司送請有關部門採納，其效果總是緩慢的，所以建立一種儘速處理建議意見的作業程序乃是眾所希求的事。

實施獎勵建議制度最大優點之一就是高階層主管人員可與全體員工建立起一種緊密而親切的意見溝通。一位下級的員工，如果他的建議意見親自獲得高階層主管人員的答覆反應，特別是予以嘉勉的表示，這位員工必然感到無限的榮譽和歡欣。即使一項建議意見未被採納，高階層主管人員給予適當的答覆，他也會心悅誠服地依照你的意見去努力工作的。所以說推行獎勵建議制度乃是最良好的雙向溝通制度。

恢弘四大公開的功能

現在我們所願建立的開放的政府，在機關內部而言，自然是以實現「四大公開」為基礎。建立「獎勵建議制度」正是將「四大公開」的功

能更具體而積極的發揮出來。

首就「人事公開」而言，最為稱道的人事政策，乃是人才主義和功績主義。這一政策的實現，則在於透過公正的考核來擢拔真正的人才。現在行政上人事考核考績常常受到批評。蔣院長也曾慨歎其不實不確。這都是因為主管考核考績缺少一種客觀的事實根據，縱然無偏無私地鑒明主管，也難免有被誤解的可能，認為有不公不平之處。如果建立「獎勵建議制度」，舉凡任何員工個人為團體、為工作有特殊的貢獻，有良好的建議被採行，而獲得獎勵的資料皆存於人事單位，作為人事上考核考績、升遷調補的主要依據，則「人事公開」擢拔真正的人才，豈不有了紮實而可靠的基礎。

推行了「獎勵建議制度」在「人事公開」方面還有更積極的意義，就是可由此而充份發揮了人力資源。

《美國之挑戰》作者舒萊伯氏曾說過：「今天我們所要求的財富不在於土地資源，不在於人數與機器的眾多，而在於人類的精神，尤其是我們思想和創造的能力。」可見人礦的開發其重要性毋復置言。蔣院長也說：「設法啟發他人的才智，才是才能真正的發揮。」則又是發掘人才和運用人才的精闢之言。但怎樣才能啟發他人的才智呢？最簡單而實際的方法就是實施獎勵建議制度，讓大家都有貢獻才智的機會。今天，我們可以看到在現職人員當中真不知有多少學識才能相當優秀的員工，尤其是有若干人才因境遇關係而用非所學或是學未致用，比比皆是，如果沒有一種良好的方式，能鼓勵其充份貢獻他們所學所能，在個人來講固然是一種悲哀，對於國家對於團體而言，又何嘗不是一種莫大損失。實施獎勵建議制度，不僅對智能較高、學有專精或是學未致用的員工可以為他們提供一種發揮潛力、貢獻才智的機會，也可促使全體大眾員工自我努力學習，主動進行研究，使不會寫文章的員工也能提供一得之見的建議，實在是開發人礦，發展人力最「經濟」且最有實效的辦法。

「經費公開」與「獎勵建議制度」似乎沒有直接的關係，實際上有很大關係，這因為「獎勵建議制度」是基於參與管理理論，鼓勵全體大

眾員工，來協助各級主管們，為省時、省錢，提高工作效率，實現組織目的，而提供具體可行的興革建議意見的一種管理方法，員工的建議，會使機關經費支用能精打細算，因而節省了公帑，杜絕了浪費，或是增加了收益，正是將經費公開的精神和原則積極地實現了。

「意見公開」與獎勵建議制度關係最為密切。這乃是今天我們研討的主題，不妨稍加說明。首先就「意見公開」本題來說，以往在軍中推行意見公開之初，曾因提倡檢討批評，以致有一些能言善道的，就借此「播弄是非」，確實為主管領導與管教方面帶來些許困擾，再如少數氣量不大的主管也存心整治「無的放矢」者，所謂意見公開，利未見之，弊端先生。此所以現在行政機關推行「意見公開」之初，舉行動員月會就講講課，訓訓話，下級員工少有表示「意見」的機會，可能都是鑒於此因而造成的。「獎勵建議制度」則不然，它不重在申訴反映，或是檢討批評別人，而在於積極的提供改進或創造的建議，使工作日有改進，使團體不斷進步。如果將「意見公開」採取「獎勵建議制度」的實施辦法，鼓勵員工積極地為工作為團體隨時提供興革的建議，設想出具體可行的辦法來共求進步，其成效豈僅是做到雙向溝通，而且是促進行政革新最佳最有成效的途徑。

我們可以看到，現在行政方面如發現缺失，認為最切要的辦法就是委託專家學者來研究改進，研究結果，提供一些改進要點或原則，其符合管理的客觀性有之，也能說明一般共有的現象，但公佈週知，付諸實行，是否能適合各別機關的情境，顯然是個問題。再如牽涉及非本單位所能解決的困難，研究所屬單位無能協助解決，則研究發展只有在文書作業上求其表現。例如，戶政之類革新便民工作，早在六十年研究發展單位就作過專題研究，公佈了改進辦法，結果在五、六年後的今天，又有「公僕與納稅人」的風波，還得要內政部與有關單位重新全面檢討改進。當然學術與行政也可以配合得相當密切，但是，學術機構能為政府討論研究的問題都屬少數重要的個案調查研究，而行政上千頭萬緒的「日常工作」，學術機構實在無法一一代為研究改進，而且，一項改革

在事前縱然經過專家學者們的設計，付諸實施以後，也不能就此百世不惑。此因時代情境日有變遷，任何工作必須不斷求新求變，才能保持適應現況，正如蔣院長所說：「行政革新永無止境。」以及英國組織與方法單位 (Q&M) 將「向陳規挑戰」作為工作座右銘，其道理是一樣的，所以日常工作方法要時時刻刻研究改進，實在是行政方面最根本的問題。而這些問題的解決都要靠集體從事這些工作的公務人員，大家自己來不斷的研究改進才行。建立獎勵建議制度，就是鼓勵從事實際工作的全體公務人員大家腳踏實地的來參與行政革新研究發展的工作。可以說，有了獎勵建議制度，不僅能消弭工作缺失，改進管理實務，也是提高行政革新最可靠的途徑。

在「獎懲公開」方面，推行「獎勵建議制度」也與之有很密切的關係，有更積極的意義。我們知道獎勵自是禮遇賢者能者，但是懲罰的作用固然是以儆效尤，其真正目的仍是希望要改過遷善，從今而後有良好的行為表現。

今天，可以說，管理學家和管理者無不確認，管理的重心雖然在於「治人」與「治事」兩者，但推至於極致，則是以「治人」為基本。因為任何管理機能、組織、計劃、指揮激勵、協調溝通、以及管制監督，甚至各種制度、方法和程序，無不涉及人的因素，無不有賴於「人」去運用。可以說：「組織成敗決之在人。」人是最可貴的資金，「人為世間最大的資產，亦為最大的問題」。佛朗西斯 (Clarence Francis) 也曾說：「儘管你有錢，你能買到一個人的時間，使之出席於特定的時地，你也能買到其有限的體力和技術活動，但你絕不能買到他的熱忱、創造力、想像力、決心、忠誠和靈魂。」人，實在不容易了解。「人應該怎樣鼓勵？」也就成為管理者眾所關切的問題。

在傳統上，激勵員工的方法主要有二，一是「努力工作，否則另謀高就」，一是「優待員工」。這種「恩」、「威」並濟的方法到二次大戰後，由於工作上出現更加現實的情況而開始褪色，所謂更加現實的情況，即是大家都體認到，人們願意工作，並不都是為了金錢，人們在職

位方面最值得重視的因素，金錢往往列在第三或第四位。「對工作有興趣」，有「升遷的機會」，甚至「老闆的為人很好」都比金錢重要。此外，意見被重視，早在梅約 (Elton Mayo) 的「霍桑研究」(The Hawthorne Studies) 就指出：「主管們為求有效管理，必須認識與了解一個人是一具有慾望、動機、衝動與個人目的而需要滿足的個體。」所以激勵之道，必須從了解人性上著手。今天，許多學者專家們已經無不認為激勵員工工作最重要的基本動力乃是如何讓員工自我滿足，使他們對團體事務能夠有機會貢獻自己的意見，分享團體的成就，承擔責任，有一定的目標讓他發揮才能，完成目的等等。由於「獎勵建議制度」重在激勵，訂有明確而公正的獎勵政策，對於任何員工不問其職的高低，只要對團體、對工作有所貢獻，皆適時而主動地公開表揚，作適當的獎勵，這真是適應了人性，滿足了人們成就感和自我實現的基本需求。一個人的努力能為上級所見識，意見為主管所重視，其成就為公眾所讚賞，他在機關團體中就成為一個「快樂的工作員」，必然奮發有為，樂觀奮鬥，而違紀犯法字也相對地消弭於無形。可以說，獎勵建議制度的推行，對於「獎懲公開」具有更大的更積極的作用，大大恢弘了四大公開的功能。

此外，推行「獎勵建議制度」尚有兩項更重要的作用：一是縮短管理差距，一是發揚大團隊精神。

談到縮短管理差距方面，《美國之挑戰》著者舒萊伯氏 (Jean-Jacques Servan-Schreiber) 以及《智識的革命》著者邱勒佛史教授 (D.N. Chorafas) 都指說出，當前歐洲與美國在發展方面的差距，主要是在於管理上的差距。至於我們和先進國家之間的管理上的差距又不知要相去幾多。我們要迎頭趕上自有可能，但問題決定在我們能不能取人之長補己之短。在管理方面，我們固有的優點，要在於各種目標政策、指導原則、條例綱要等等，無不完備，也無不正確。更可大膽地說，現代各種管理學說，有好多理論都可以在我們的線裝書裡找出來。但是，我們在管理方面最大的缺失要在方法的欠缺，也就是不在實際的施行辦法上多下功夫。所以，我們有論說極其精闢的領導哲學，可是除了總統　蔣公所著的《行

政三聯制》以外，就少有一些實實在在的完完整整的管理科學方法。諸如動作研究、工作簡化、邏輯樹、網狀圖、作業研究、以及目標管理等等，很多有實用價值的管理科學方法都不是我們發明的，因此，要想縮短我們和先進國家之間管理上的差距，豈能不在管理方法上多下功夫。時施獎勵建議制度，來鼓勵全體工作人員貢獻智慧，就事論事，拿出具體可行的改進或創新的辦法來，亦即把我們種種的良法善政一一化為具體可行的實施方案，對我們行政管理方面來說，實在太重要了。

發揚大團隊精神：

管理在為成事，而管理的成就則是經由並依賴他人共同努力而獲致的。意見溝通的終極目的就是為順利達成任務使命，實現機關組織的目的。意見溝通有各種的管道與方法，但有效的溝通存在有若干的障礙，而且是難以克服的障礙。可是，推行「獎勵建議制度」則不然，不僅可由此建立最佳最有效的雙向溝通，而且有很多更積極的作用。再如「獎勵建議制度」最大的特點之一，它不僅要求拿出具體可行的辦法來，同時對任何建議的方法，採行與否，都要經過一番詳實的調查，客觀的審議，以及公允的處理和保障權利等等一套完整的程序。這樣的制度至少可以收到兩種效果，一是可以避免提出一些徒增主管人員困擾的不著邊際或不負責任的建議事項。另一是防止確有價值的建議辦法為承辦人員僅憑一己好惡而拒絕採行，或凍結不理，或「研究參考」。在行政機關內部建立「獎勵建議制度」，不僅是幫助機關主管來解決問題，而且是為主管謀求該機關的進步提供了成功的保證。他方面主管人員感到機關組織中，有任何重大的困難問題，更可以通告週知，例如每週發一「問題在哪裡」的通報，透過這項制度，要求和鼓勵員工提供解決的辦法。再如就此了了，所以，機關外部的國民大眾對本機關，對政府貢獻其智慧，有「獎勵建議制度」的推行，也就循此作業程序使之實現，對政府所產生的大效宏功豈止於建立一個開放的、大有為的政府：工商企業、社會大眾皆與政府結為一體。蔣院長所說的一種大團隊精神於焉形成。

成功的首要因素：

不過，「獎勵建議制度」雖屬一種最具成效的管理工具，在行政方面尚可發生如許多的積極作用，有利於充份發揮開放的大有為政府的功能，但能否使之推行著有成效，其成功最主要關鍵，則有賴於開明的領導者主管的重視與支持。

規劃與實施的要領：

——請詳考拙作《獎勵建議制度》。

結論

上行溝通的管道能否暢通，或是說下級意見能否為上級所重視，皆基於機關主管允許下屬參與管理決策的程度大小而定。一般來說，在民主領導方式下，主管允許參與的程度就較大。反之，專斷式的領導，就談不到要求部屬提供意見，參與管理決策。但是，無論就理論和事實而言，參與管理的實施是為不可或缺的需求。即使在軍事作戰時，指揮官下定作戰決心之前，也必須作敵情研究，狀況判斷，並不是憑藉指揮官法定權力任意下定決心。除非是烏合之眾，或是不想打勝仗。所以說，參與管理在任何領導方式之下都有需要。只是參與的程度有大小不同而已。從下圖中可以見其要。

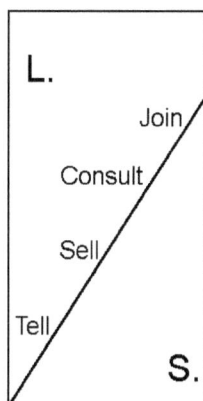

　　當然的，意見溝通，也不可能作到「絕對公開」，親密如夫妻要作到「絕對公開」的意見溝通，也可能會帶來莫須有的麻煩。在政府機關裡，沒有節制方法的過度的意見溝通，也可能造成行政的困難，甚或發生不良的影響。事實上，參與管理在人際關係方面也常為人們予以各不相同的一種見解。有些人予以褒揚，有些人予以貶抑，更有些人成功地予以運用。褒貶之間見解差異之大，有如共產鐵幕和自由世界對於人民一詞之見解是一樣的。

　　贊成參與的人，似乎以之作為一種神奇的模式，能夠消除各種衝突意見，幾乎可以解決任何管理上的問題。

　　相反地，反對參與的人，認為那是一種管理上的廢物。捨棄管理特權是最為危險的事。

　　第三類的管理者視參與為一項管理上有用的錦囊妙計，那是他們為驅使人們聽從命令的操縱法術，矇騙人們使之誤以為他們在決策之制定上有其地位。

　　第四類的管理者很成功地應用參與的方法，但他們不認為是一種萬靈丹或神奇藥方的模式。他們既沒有醉心者那種的熱狂，亦沒有批評者那種的杞憂。他們斷然拒絕以參與的方法作為壟斷的銷售方法。

　　實際上，參與管理並不是一種萬靈丹，更不可以之作為操縱一切的奸計法術。因此，主管人員就必須了解其性質，而真誠有效地運用參與管理方式，作好意見溝通。推行「獎勵建議制度」，不僅是沒有副作用的，最有成效，最有價值的意見溝通，也可發揚團隊精神，作到群策群力，更有利於任務使命達成，而圓滿實現機關組織的目的。

　　謝謝。請批評，指教。

二十六、成立中國文化研究服務中心芻議

去年五月底蔣部長訪美歸國時發表談話曾經指出，加強漢學研究是極為重要，但成立一個「漢學研究中心」並不允當。因為台灣復興基地到處皆是研究中心，成立一個中心，不僅「掛一漏萬」，使人忽略了其他眾多的研究機構，而事實上，要求一個中心負起全盤的漢學研究，也無能為力，不足勝任。但是，國內各有關學術機構，在一般研究業務方面尚有待加強，再如期望眾多機構在漢學研究上有統一作法，有計劃進行研究，則努力之處更多。尤以，我們要想對國際學人提供研究服務，要與中共在海外展開文化戰，自必須有一個執行的中心機構。因此，成立「中國文化研究服務中心」，以協調業務，來加強漢學研究，統合力量，以對外有所貢獻，就確有必要。

漢學研究的途徑

就我們而言，漢學研究或中國研究實乃係復興中華文化救國救世的工作，復興文化之道不僅在於研究闡揚，亦在於創新發展，從而實踐力行，亦即「真知」與「力行」要結合為一，由「行以求知」而「知成於行」，使中華文化萬古常新。故其應循之途徑應有下列五項：1. 以實現三民主義為研究的中心課題；2. 以恢弘闡揚與創新發展為研究的重點要求；3. 以權責明確且結合密切為研究的組織原則；4. 以主動服務與積極推廣為研究的工作要領；5. 以創辦事業及獎勵貢獻為研究的自給辦法。

「服務中心」的組織與方法

一、成立管理指導委員會：

加強漢學研究的方法或要領，要在於統一規劃，致力協調，相互支

援，提供服務。成立「中國文化研究服務中心」的主旨及其作用即是在此。就目前情況而言，其允當的方式即是以教育部所籌建的「國際文化中心」大樓以此命名，在教育部督導與協調之下，實際上擔負起此項責任。服務中心的組織體系不論採財團法人方式，或列為行政機關之一，但成立一管理指導委員會，以結合各方力量，協調全盤工作皆屬必需。該委員會委員除由有關學術文教機構主管或副主管兼任為當然委員外，另過半數以上委員應由教育部長敦聘文教工商界有聲望之學者專家社會賢達擔任之，該委員會對中心管理作政策性之指導，向教育部負責。

二、健全中心的管理組織：

1.設執行長一人，由管理指導委員會提名，教育部長聘任之，任期三年，得連任一次，負中心全部管理之責，向委員會負責。2.助理執行長二人，由執行長提名，委員會通過任命之，協助執行長管理中心全盤管理工作。3.下設「研究」、「服務」、「行政」、「活動」等四組，各有其特定執掌。（其組織體系與業務概況如附表）

中國文化研究服務中心

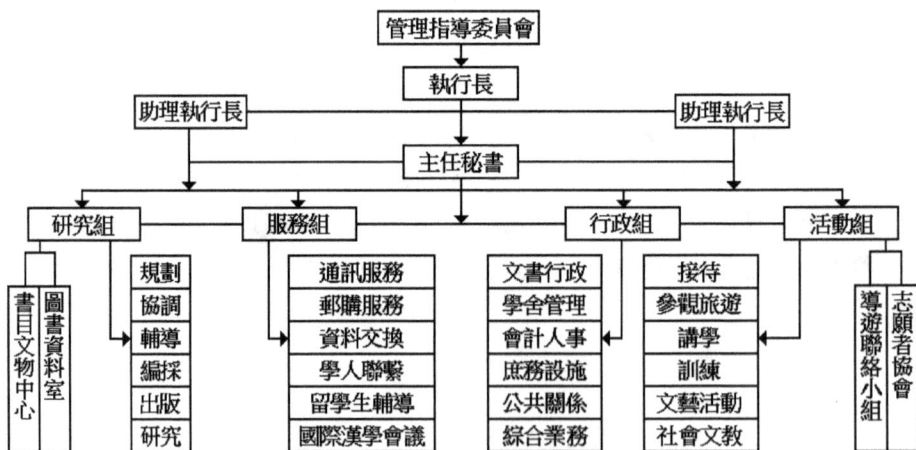

```
                        ┌──────────────┐
                        │  管理指導委員會  │
                        └──────────────┘
                              │
                        ┌──────────┐
                        │  執行長   │
                        └──────────┘
        ┌──────────┐         │         ┌──────────┐
        │ 助理執行長 │─────────┼─────────│ 助理執行長 │
        └──────────┘         │         └──────────┘
                        ┌──────────┐
                        │  主任秘書  │
                        └──────────┘
        ┌───────┬──────────┬──────────┬───────┐
     ┌──────┐ ┌──────┐  ┌──────┐  ┌──────┐ ┌──────┐
     │ 研究組 │ │ 服務組 │  │ 行政組 │  │ 活動組 │
     └──────┘ └──────┘  └──────┘  └──────┘
```

研究組		服務組	行政組		活動組
書目文物中心 / 圖書資料室	規劃 / 協調 / 輔導 / 編採 / 出版 / 研究	通訊服務 / 郵購服務 / 資料交換 / 學人聯繫 / 留學生輔導 / 國際漢學會議	文書行政 / 學舍管理 / 會計人事 / 庶務設施 / 公共關係 / 綜合業務	接待 / 參觀旅遊 / 講學 / 訓練 / 文藝活動 / 社會文教	志願者協會 / 導遊聯絡小組

三、明定中心的任務

1. 研訂方案，以執行政府所定復興中華文化的政策；2. 統合或協調規劃國內各學術機構漢學研究的方案；3. 促進國內文教學術機構之合作研究；4. 輔導並舉辦社會文化活動；5. 為國際學人研究漢學提供服務事宜；6. 接待訪華國外學人與外賓；7. 輔導留華外籍學生學業與生活；8. 承辦國際文教合作交流計劃；9. 發行學術文化書刊。

四、充實中心的設施：

1. 學舍，以半數房舍可容納留華外籍學生定期住宿為原則，另一半數房舍則備為來華訪問之文教界研究人士短程留駐；2. 設大型講堂一個與小型研究室十個以上；3. 歌劇舞台與視聽室；4. 大型公共交誼廳；5. 室內活動設施；6. 圖書資料及複印設備；7. 日用品、文具、禮品商店；8. 餐廳、茶點咖啡室；9. 郵政、電信、衛生等公共設施。

五、中心活動項目之偶舉：

1. 舉辦「中華民國簡介」講習。凡初次來華留學、研究訪問之外籍人士，第一日即為其安排此項講習，為期一日至一週，講習專題可分為共同與專業兩類，此可指定國內大學或學者先行多作準備，依參加人員性質再分別排定。

2. 舉辦各種觀光旅遊活動。此可分為兩大類：一為對留學生所舉辦者；另則為來華作短期訪問研究之外籍人士所安排者。中心訂有「週」、「月」活動表，並公告臨時性活動項目。此項工作須結合觀光局、各文化學術團體有關單位，慎予選擇活動項目，多次實施以後，必能駕輕就熟，績效可與日俱增。

3. 接待來華訪問學人。從機場接迎，食宿安排，以及訪問計劃之實施，均分別由專人承辦。

4. 促進「國民外交活動」。即為來華訪問外賓於正式訪問節目外，另為其安排與我國內相當人士家庭聚會，或則個別導遊市郊名勝，以增進彼此情感。

5. 組織留學生舉辦「某某日之夜」。以居住學舍之留華學生為主，

指導其在中心分別舉辦文化活動，彼此切磋砥礪，增進了解與友誼。

6. 介紹並代辦欣賞各種文藝演出，或參觀體育活動。此宜先作一周詳調查，選擇若干固定項目，約定優待辦法；臨時演出活動則於一週前進行聯絡，公告週知。

7. 協助學習中國語文。

8. 介紹中外學人會晤。

9. 為來華學人安排演講會或研討會。

10. 其他有關宣揚中國文化活動之舉辦或輔導。

六、加強國際學人服務的工作：

1. 為國際學人與文教機構，辦理訂購書籍資料服務事宜；2. 接受委託或合作研究漢學；3. 為國際性漢學會議提供資訊；4. 接受有關中國文化研究查詢服務事項；5. 與曾來華訪問研究之學人繼續保持聯繫，並作必要之支援協助；6. 定期寄贈學術性與聯誼性刊物；7. 主動提供漢學研究成果及書目書訊；8. 介紹國際學人有關漢學研究著作論文，並作適切之獎勵；9. 資料搜集整理與交換。

七、推展研究服務工作的要領：

1. 設立「協調會報」。有關漢學研究之國內各學術機構應由中心定期召開工作協調會報，從業務規劃之配合，以至困難問題的處理，交換資訊，彼此支援，以加強漢學研究。

2. 成立「書目文物中心」。「聯合目錄」與「館際互借」辦法，當由國立中央圖書館負責辦理，有關文物史蹟典藏之介紹則由國立故宮博物院統一籌劃，中心則須搜集所有此類文獻資料成立中心，俾便來華外籍研究人士與中心服務工作查考之用。

3. 出版「漢學研究」學術性研究性與報導性之月刊，以之聯繫結合國內外有關中國文化研究之機構與人士。

4. 成立「郵購服務中心」。此可責由出版界精選書刊，統一議價，編訂書目，對外提供書訊，透過服務中心，辦理郵購服務。

5. 成立「志願服務社」。參照美國「志願者」組織及其服務辦法，

發起組成「志願服務社團」，從事文化服務，外賓接待。其成員無妨先從曾經留學返國人士以及退休之優秀公教人員為主要爭取對象，前者以為外賓服務為主，後者則在支援文化服務研究工作。如果形成風氣，人人以作志願服務社社員為榮，其對社會優良風尚的培養和國際友誼的增進皆有極大作用。

6. 擇定「中國家庭」。凡家庭情況良好，有社會地位或是在學術上有成就人士，徵詢其列為「中國家庭」，以自費個別接待來華訪問之學人外賓為主要服務工作。國際人士直接與中國家庭聚會聯誼，既可助其了解現代中國家庭生活方式，也較易增進友誼，於國民外交自必大有助益。

7. 輔導留學生。國內各大學凡接獲國外（含僑生）學生申請入學，應即通知中心協助辦理入學手續，準備接待，照顧其生活，有計劃地安排其參與文教旅遊活動，並輔導其學業，迄至畢業離華為止。此項工作應由中心協調各大學外籍學生顧問，與青年救國團等有關單位共同負責辦理。

8. 建立「承辦人」制度。除留學生而外，凡是應我國公民機構邀請來華訪問之外籍文教界人士，均應透過中心指定之承辦人執行其訪問計劃；有關訪問人士資料，由中心成立完整檔案，以經常聯繫與運用。

9. 「保持聯繫」。凡曾經訪華人士與留華學生返國後，應定期寄贈刊物，保持聯繫，並且應其要求繼續提供所需之資料。我駐外機構，對於此類人士尤須主動聯繫，促進合作，使在國際漢學會議上，或當地社會中，為我們報導與提供有關我們漢學研究的正確資料與評論意見，庶有利於復興中華文化，促進世界大同崇高理想的實現。

結語

構想中的「中國文化研究服務中心」是一規劃協調的中心，是一服務輔導的單位，是一有計劃有組織的活動團體，其所應發揮的功能，所

應努力的工作內容，當非上述各項所能盡舉其要，而最為難能者，可能為經費的籌措。在美英國家類似之國際文教服務中心，多有基金會支援之，我國內各界是否為這一中心亦能成立財團法人，合力支援，自有待努力。但如政府對中華文化研究與服務方面有貢獻之個人與團體，訂定獎勵表揚辦法，責由本中心定期予以表彰，必能獲致各方較多之助力，使中國文化研究與服務工作必有較多之貢獻與更大之成效可以定言。

　　　　　　　　　　——民國六十五 (1976) 年二月二十八日，
六十六 (1977) 年一月六日暨一月十日在經濟部分期講述的全文稿

二十七、談拓展外貿的有效途徑
——從擬議設立大貿易商說起

一、幾項因素應先考慮

論及拓展我國對外貿易，為有鑒於韓國在一、二年內設立了七個大貿易商，在外貿方面已與我並駕齊驅，且有後來居上之勢，國內工商各界亦寄望於大貿易商的設立，認為一旦設立大貿易商，拓展外貿成效可以立見。但因業者總希望能獲得若干「優惠」與「特權」，俾能保障其賺錢，以至當年一直未能排除的障礙依然存在，諸如保稅認定的範圍，應否列為獎勵投資的對象，以及是否應予相當額數的融資等等，猶待研議。其實，為拓展外貿，大貿易商的設立確有必要，但基於下述因素，尚應多方考慮。

其一，基礎不固。韓國能在最近一、二年內設立七個大貿易商，皆因其企業組織亦趨向合併之故。我國中小企業仍在百分之九十五以上，現在設立大貿易商似如建基在沙灘之上，貿易人才亦復難求，欲大展鴻圖，希望並不可靠。

其二，力量不夠。目前我國外銷商品泰半以上都操之於日本大貿易商社之手。日本十大貿易商社每年營運額在 1973 年即高達兩百六十七億美元。我業者所想望設立的大貿易商，認為實收資本額有五億元，前年營運額達至一千萬美元即可。以此「大貿易商」如何能與日本貿易商社競爭，欲擺脫其操縱，除非在其他各方面努力配合，恐難如願。

其三，習性不合。成立大貿易商旨在集個力以發揮群力，匯微小力量以收最大的效率。我國外貿廠商有五、六萬家之多，皆係於國人「寧為雞口，不為牛後」的觀念與作為所致。欲求大而化之，並不容易。今如以人為力量，給予新設立之大貿易商以某些保障的特權，恐怕利未見之，其因優惠特權所帶來的相互傾軋，明爭暗鬥的種種副作用，可能得

不償失。

其四，政策不宜。設立大貿易商給予少數私人種種優惠特權，實有悖於我國民生主義均富政策的精神，尤其在賦稅制度未臻健全，反托拉斯法案尚付闕如，如給予免繳營利事業所得稅，准許開辦授信業務，給予一定額度的信用融資，以及辦理大宗物資進口業務等等優惠特權，未來財稅損失固屬不貲，而資金過份集中結果，形成有如日本之大財閥，壟斷市場，使極大多數貿易廠商無法與之作公平競爭，實非相宜，對整個社會福利並無實益，亦可想見。因此，大貿易商必須促其設立，但大貿易商的設立必須在公平競爭的原則下，循市場機能法則，任其自然成長，且具備各方配合的條件，方可收其預期的成效，否則，揠苗助長，適足以產生副作用。

二、韓國先例值得參考

根據報導，韓國七個大貿易商設立的條件為：1. 過去外銷實績在一億美元以上；2. 實收資本額須達二十億韓圓；3. 輸出產品必須在十種以上，且每種產品的外銷金額須達到一百萬美元；4. 輸出國家須在十五國以上，每一國家之輸出金額須超出一百萬美元；5. 在海外設置的分支機構須有十五處以上。

我國情形若何？經濟部國際貿易審議委員會第二四九次大會通過，決定將現有貿易商資本額提高為兩百萬元；過去外銷實績提高至二十萬元；每年進出口總額應達到二十萬美元。此項要求應當能淘汰一些「迷你」貿易商。如果適時修正，提高其資金、營運額數及其專業知識的標準，加強管理，假以時日，我國有真正競爭能力的合格的貿易商必然逐漸增加。而研議中的大貿易商設立的標準，論者多著重在實收資本額應在新台幣五億元以上，其他條件則少有論及。嗣有經濟部國貿局建議的原則中，增加了大貿易商須在國外有五個以上的地區和國家設有分支機構，此項原則自較穩健，但與韓國所定條件相比較，相去尚遠。尤其韓

國所規定的第三、第四項條件，對我國而言，大可促進分散貿易地區，達成拓展新貿易據點的要求，如設置大貿易商，就必須參考此點，將之訂入。

然衡度我貿易商能具有此類條件者並不多見，只有先從已見經營績效的所謂「外銷聯營」與「合作外銷」方面多加努力，亦即透過統一報價、產品儲運、原料採購及資金籌劃等方式，來發揮集體力量，向國際市場進軍。如此，既可避免惡性競爭，促進同業之間團結合作，也較適合國人心理，合乎「均富」、「安和」的經濟政策。也唯有在這自然發展情形下，促成大貿易商的出現，方為正常而且是必須循守的途徑。

三、強化既有外貿組織

在世界貿易方面，由於區域經濟盛行，雙邊互惠成為國際間貿易的特色。近以美日保護措施益見增強，各國如群起效尤，世界貿易戰必然白熱化。我們研議設立大貿易商，對於拓展外貿自屬重要手段之一，但真正能使我突破外貿的困境，拓展外貿，其根本要圖則在於既有外貿組織的強化和經營管理的革新。

所謂既有外貿組織的強化，可歸納之為三項：一為加強現有駐外的經貿商務單位或代表的功能。次為有效結合全球華外商。再為在國內成立一個外貿的指揮協調中心。在這三方面努力，有所成效，較之成立大貿易商，其功效真不可同日而語。

就加強公民營外貿組織而言，我國駐外商務機構年有增加，根據統計，現有四十五處之多，遍及歐美亞非。除官方代表外，民營工商事業的海外分支機構也有五十處以上，如將這許多公民營外貿組織或代表結合起來，其業務之廣，資本之大，人數之眾，恐任何議擬設立的大貿易商皆不可能望其項背，如能訂定加強運用的辦法，使之從地區責任制而至整體的協調配合皆能發揮應有的功能，所謂設立大貿易商也就不太迫切需要了。然據各方反映分析，官方代表因衙門辦公積習太重，多未能

發揮積極性作用；而民營代表在海外因缺乏指揮協助或彼此勾心鬥角，也未能相互呼應，連為一體。改進之道，自待政府有關機關的有效管理和民營企業的推誠合作。不論是否成立大貿易商，為拓展外貿，是為必須努力的要務。

在世界華商組織方面，從民國四十二年經建計劃開始，即著重於鼓勵華僑回國投資，嗣於四十四年制定公佈「華僑回國投資條例」，四十九年制訂公佈「獎勵投資條例」，對於華僑投資人權益提供了保障，並予以各項免稅減稅的獎勵，嗣有對世界華商會議的重視，不僅歷年來回國投資年有增進，且因華外商熟悉海外市場，在當地也有經營的事業和良好的社會關係，使我在海外推銷國貨，溝通國內外經濟交流，拓展外貿因以獲得不少助力。今後如與世界華商更進一步地建立起聲息相通，利益與共的密切關係，其所構成的世界貿易網，恐日韓所有的大貿易商社也難與我相匹對。

而最為各方關切的是為成立統一指揮協調的中心組織。此因，很多有關拓展外貿的措施常發生緩不濟急的現象，固是由於國貿局工作本身性質複雜，牽涉廣泛，但也由於在與國貿有關的機關如財政、經濟、交通等部門之間，大至政策的協調貫徹，小至貿易訊息的傳遞，皆未臻密切無間，靈通有效的地步。現在為拓展中東貿易已採取「聯合作業」；去年經濟部國貿局就設立了商務聯繫中心和設限小組；在海外有關商務貿易工作單位更成立了「商務會報」，定期開會，以收統一協調之效，這些皆為統合力量，拓展外貿應有的措施。問題在於這些組織和措施能否真正地發揮其所期望的功能，尚待事實驗證。

但可想見的是，這些組織與方法之間仍然缺乏一個強有力的指揮協調的中心機構。加之，對外貿易方面，問題最多且需求亦多的乃是民營工商企業，如何使政府與民間在拓展外貿方面，各盡其能，合力創造，又為當前亟待加強的重大課題。職是之故，如不可能成立貿易部，似宜責成經設會或由一、二位政務委員授以全權，負責外貿方面由日常協調配合與仲裁爭議的工作，而做到統一指揮的要求。為了使其有能力執行

這一工作，並宜建立外貿方面的管理情報系統，使能了解與掌握全盤情況，從事研究與規劃的工作，以指導與協助公民營企業，以集體的力量開拓新市場，推廣貿易，其成效必有可觀。

　　　四、革新經營三個重點

　　革新經營管理的方法有多種努力的要圖，然而，就與拓展外貿有關而言，其應悉力以赴者要為下述三端：

　　第一，加強品管，維護商譽。據經濟部國貿局統計，六十五年一年內受理國際貿易糾紛案件竟有一千兩百五十九案，其中因國內製造商未按指定規格生產而遭受退貨者為引起糾紛之主因。現今國貿局已採取七項措施，防範國際貿易糾紛的發生，經濟部且引用公司法及農礦工商人員出國條例的處分規定，來加強管理貿易商，並就機械、電子、家庭電器、紡織與食品加工業五大類工業擴大實施合格外銷工廠制度，以建立貨真價實優良國際信譽，相信必能取締若干不肖的外銷廠商。

　　唯鑒於目前國內五、六萬生產廠商之中，已登記列為品管合格者，為數僅千百餘家，所採加強管理防範措施，是否能發生全面性、積極性作用，實在令人存疑。如果矯枉過正，使眾多廠商無法外銷，其不能外銷的產品，如不買用他人合格廠商名義出口，勢必充斥國內市場，形成另一問題，乃屬意料中事。

　　因此，為了徹底要求加強品管，以維護商譽，一則鼓勵廠商自動申請列為品管，他方，簡化品管檢驗的行政作業程序，尤其在輔導與協助廠商使其樂於實施品管方面，多所致力，當是扶植廠商，拓展外貿的首要之圖。

　　第二，了解市場特性，推出特定產品。當前我們在外貿方面令人憂心忡忡的乃是產銷地區過度集中，以及一窩蜂模仿製造眼前有利可圖的產品，而且多屬薄利多銷的廉價品，在銷售地區的市場上一無引人注目的地位。因此，欲拓展外貿，亟待開發新貿易據點，尤須了解各市場的

特性，針對其風尚需求，推出各種特定、精密的產品，形成「需要」、「獨佔」該市場才有可能。

再如將勞務、技術以及生產設備向低度開發國家輸出，協助其致力經濟發展，使我外貿事業能在國外生根成長，又屬上乘之策。此方面工作行之不易，但有關單位如釐訂具體可行的發展計劃，和獎勵執行的辦法，公佈週知，認真推動，當可計日程功。

第三，協助改善管理，降低生產成本。工商企業界不可亦不可能一味依賴於政府的低利融資或調整匯率，以利於出口，必須改善管理以降低成本，自助方得人助，早為識者所提出。然以「當局者迷」，業者或有改革之心，但家族式的中小企業經營，實無改革之能，政府也無足夠人才與人手一一輔導。即以促其產業合併而言，問題重重，難望大成。有效之策，當以由政府經貿單位與研展部門鼓勵並協助各行各業聯合成立組織與方法單位，從事企業診斷與研究發展工作，使由家族企業個人經營方式，逐步邁向現代化企業經營管理途徑。

他如，產品的創新突破，則由政府部門，如國科會的規劃推動，新竹工業區的實驗示範，來領導與協助國內工商企業進行尖端科技的研究發展，但如此類研究非一蹴可成，工商企業界也必須編列足夠預算，有計劃地配合推動；更須普遍推行獎勵建議制度，讓大家來提供減少浪費或增加收益的建議，以降低生產成本，或是提供改進現有產品與創造發明的建議辦法，俾能推陳出新。

降低了生產成本，提高了產品品質，才是增強對外貿易競爭力，突破設限拓展貿易的正途。而且這種群策群力的團隊精神一旦培養成，對公司企業的成長發展，我國經濟成長的升高，皆有莫大的助益。

——原載於《中央日報》
民國六十六 (1977) 年四月二十二日

二十八、激發投資意願，促進經濟升段

一

今年五月十九日行政院通過了「獎勵投資條例修正草案」，各方反映相當良好，認為政府已「竭盡所能」，採取了「最大限度作法」，是配合當前「成長與穩定並重」經濟政策的具體措施。尤其對於蔣院長的特別指示，要求簡化投資手續，改善投資環境，更是一致稱頌。但也有認為如欲真正獲致獎勵投資的具體效果，促進高級工業的發展與經濟開發的升段，尚有諸端猶待補充之點，和若干必須合力克服的艱困。其中認為最美中不足之處是未將一再建議採行的「投資扣抵法」考慮列入，作為激發投資意願的主要手段。又為使該修正案能發生預期作用，並建議要作多方配合努力的措施，諸如改革稅制，減免稅捐；降低利率，融通資金；鼓勵有名望的公司股票上市；對僑外人投資取消資本百分之八十的限制；以至設立專業銀行，為業者分擔投資的風險等等。

二

獎勵投資條例的修正，旨在激發民間投資意願。所謂投資意願低弱的現象，主要見之於年來進口機械設備的減少。以六十五年度而言，為全部結匯進口總額的百分之十七點六八，較之六十四年度以前各年度的平均所佔百分之三十三至三十六，幾乎低至一半以下。而在進口的機械設備中，生產民生日用品的機械設備仍繼續增長，其他卻大幅下降，特別是工具機械銳減，紡織機械幾乎完全停止進口，因而使人為工業生產的萎縮，經濟發展的頓挫，而憂心忡忡。此種現象的發生，論者咸謂係由於民間投資意願的低弱所致。

民間投資意願所以低弱之因，據經設會分析，在於投資利潤偏低；

若干企業閒置的設備未能有效利用；以及缺乏有力投資計劃。然作一深入分析，上述三種因素顯見有未盡真實之處，蓋進口機械設備的大幅減少，並非投資意願低弱所致，相反地，係屬投資（擴張）過剩（速）的結果。此因六十二年外銷最為旺盛，眾多廠商因利潤優厚，而過度擴充生產設備，不幸突然遭逢高價石油，世界經濟衰退，成本增加，外銷停滯，凡擴充過速過大者，其財務與生產經營越為困難，有因而倒閉者，停工減產或削價求現者比比皆是。去年世界經濟稍有復甦，且因我國內十項建設達於最高潮，故有外貿出超現象，但是，國際貿易保護色彩日見濃厚，且因我產銷地區集中，對我設限之求，接踵而至，由是認為投資利潤豈止偏低，且不可靠，艱困業者自然視投資為畏途。而實際上，廠商一片要寬予融資的呼聲不絕於耳，民間是否有「投資能力」也不無疑問。是故，所謂獎勵投資條例的修正，以提高減免賦稅的比率，來設法緩和廠商眼前的困難，或有其意義，但如以此來激發民間投資意願，發展資本與技術密集工業，可能是徒有其名。

三

現今，由於我國正邁入開發國家行列，工業生產結構亟待轉換，生產技術尤須突破，而六年經建計劃中，今年固定投資訂為新台幣兩千一百七十五億元，其中民間投資應在一半以上，在在均需努力以赴，獎勵投資確屬必要。但獎勵對象、獎勵的事業必須深入研究，慎重決定。以採行「投資扣抵法」而言，不失為經濟不景氣時期激發民間投資意願的有效方法，唯因其獎勵對象是為持有「股資」的個人，如不予明確限定獎勵的對象，可能不應予以優惠獎勵的生產事業也得到了獎勵。然鑒於目前一般業者多視投資為畏途，且為張羅頭寸，日坐愁城，有無投資能力，大有疑問。如寄望於少數大戶投資，由少數人得享獎勵優惠，自非立法本意，亦有違社會公道，至於「虛偽投資」之弊，更無庸言述。可是，國民大眾持有的游資，多流入儲蓄；銀行則皆有過多之超額準備，

任令頭寸爛掉，在此種情形下，採行「投資扣抵法」，其投資何種事業方可享受此項獎勵，由政府詳予規定，則不失為博採眾議，可引導國民大眾的儲金和游資於投資一途的良好方式之一。

至於獎勵僑外人投資，但如投資人只投入資金，享受百分之二十低所得稅率，並以百分之二十結匯權，逐年提走資金，對於我經濟發展究有何益；或如設一裝配工廠，則國內除了可培養裝配工人而外，對於生產技術的革新又有何助益。論者以日本人在我國技術合作為例，既可將欲淘汰的生產機械設備整廠轉售於我國，又藉機械零件與原料必須由其供應，而壟斷我國市場，以至外銷產品的操縱，「使台灣成為日本的經濟殖民地，獎勵投資受惠的乃是日本人，我們只啃骨頭」而已。而且，外資（外債）充斥市場也適足以妨害自己經濟發展。所以，吸引外資不僅投資的範圍加以確定，以免妨礙國內既有生產事業的發展，吸引投資的對象也要加以選擇，以避免為某一國家操縱我國生產事業。

四

獎勵投資以激發投資意願是為加速資本形成，促進經濟發展升高過程中手段之一，但純以減免捐稅方式也不能保證可以激發起投資意願。他如拓展外貿、改善大投資環境、健全金融市場、充裕企業經營者資金來源、以及良好的規劃以引導投資，其重要性皆為眾所共識。然真正對經濟成長發展有重大作用者，則在於金融政策、財政政策的適當運用，公共企業的領導誘發，以及管理方面的進步。以當前情勢而言，激發投資意願之外，下列諸端設能配合努力著有成效，確屬達成經建大目標的保證。

其一，超額外匯存底與準備的妥善運用。目前我外匯存底已逾三十七億美元，其中固然有若干外債與外資，但除去三個月外貿進口所需約二十億美元而外，其餘十六、七億美元可以用作中長期資金，投入生產建設。如果存入外國銀行，其利率抵不上外債應付的利息，等於將國內

資源供外國人使用，委實可惜，何況通貨膨脹迄未能有效抑止的今天，外匯準備不予投入生產，亦必任其貶值。而外匯準備不斷增加，也適足以引起國內通貨膨脹，但如以此數十億美元作為投資開發生產基金，以此支持工商企業輸入原料與資本財，較之以相當財稅損失的獎勵吸引投入的少數資金，所能發生的作用，實在不可同日而語。

其二，增進公共設施的投資。運用赤字預算以擴大公共投資，來增加國民就業機會，彌補私人投資之不足，以刺激經濟的復甦與繁榮，其成效實績俱在。譬如十項建設的興辦，使我們在世界經濟風暴中能安然度過。去年，國際經濟不景氣興替之際，也因有十項建設支出而維持外貿的持續成長。現在十項建設高峰已過，今後如將這十項建設的人力、物力，轉投入其他重大建設，當同樣能帶動其他相關生產事業的勃興，以及增加國民就業機會，是為必然之事。例如中部與東部地區的開發，國民住宅的興建，道路水電各種公用設施的擴增，各種工業專區和農業專區有計劃的推動開闢，其帶動經濟發展的升高，皆可想見其實益。

其三，社會公道的維護。自由經濟最大的特色就是在公平競爭原則下，各盡所能，各取所得。從經濟立法與社會立法以後，社會公道的維護，經濟平等的促進，亦即為極大多數謀最大幸福，成為努力的中心鵠的。我國民生主義的「均富」經濟政策，充分表現了這一哲學思想及其仁愛精神。目前，工商企業界所形成的一種依賴風氣，即凡投資開創某種企業，有投資能力者，總寄望於政府給予相當的優惠或特權，否則即裹足不前，甚且有認為政府未善盡其應盡的獎勵功能。而獲得優惠特權者，每有坐享其特權優惠，成為阻礙他人自由平等競爭進步的絆腳石，實是有違社會公道與民生主義的經濟政策，必須予以導正，以保障極大多數人在公平競爭環境下，皆能自由而順利地成長發展，讓經建的成果能歸由全民所共享。

其四，企業家的培養。當前工商企業所以發生艱困，其根本要因之一是為家族公司經營之故。家族企業有其優點，但亦有其發展的極限，而最顯著的缺點是為資本形成之不易，欲使企業不斷成長發展，鮮有可

能。再人才難求難留，慾望其發揮集體創造的智慧與才能，更難想像。而企業所以能贏得利潤，並不在於資本、土地與人工，實在於「辦法」的有無。有「辦法」才能利用這些工具生產財富。這些「辦法」的來源要在於企業家的有效管理所由生。現在鼓勵中小企業合併，乃屬最正確的決策，但如合併後的組織模式仍屬家族式合夥型態，則所預期的成效必難圓滿達至。可靠的辦法是為修改公司法，規定所有者與管理者予以明確劃分，或則於獎勵投資條例中規定，凡是現代化的公司企業，始予重大獎勵。在如此挾持的情境下，培養成眾多的企管專家才有可能。極大多數企業都能由企業家作現代化經營，則當前若干不正常現象，諸如虛設行號、虛偽投資、變造帳目、逃稅漏稅等等弊端，將少有發生。而且，資金證券化，資本大眾化，亦可由是而促成，對於實現我國民生主義經濟建設自有相當作用。

其五，生產技術的革新。經營管理的進步和生產技術的革新同為先進與落後的分水嶺。如就生產力的增進，市場的開拓，利潤的提高，則以生產技術的突破與創新為重。新產品不僅能輸向新的市場，也可創造市場，自然激發了投資者的投資意願。投資的增加，即生產力的擴張，如以現代化企業經營之，其利潤必隨之提高，因而促成經濟景氣繁榮。對我國而言，生產技術的革新尤為重要而迫切，今後的產品如果不能推陳出新，以新的產品向國際市場進軍，仍依靠紡織品為大宗出口，其後果不堪設想。此次獎勵投資條例的修正，對於研究設備機器進口，一律免繳稅捐，經濟部並擬訂辦法吸引學有專長學人回國加入技術密集工業發展的行列，實是極合時宜的措施。不過，研究發展工作能否有豐碩成果，尚待各方配合作有計劃的、通盤的努力。不僅要使政府—企業—學府三者結合為一，也要做到「人人在研究」，「事事求發展」的要求。亦即尖端的科學研究，由學者專家們作基本研究，而現有產品的改良創新，生產程序的簡化改善，則有賴於各行各業如何獎勵從業人員大眾提供智慧，建議具體可行的辦法。造成如此的風氣和行動，產品的推陳出新始大有可能，在國際市場上才能佔一席位，投資大環境必因以大大改

善。

其六，公營企業的領導。近二十多年來每一新興開發中國家莫不設立了一些公營事業，以之領導民營企業，帶動整個國家經濟的成長，已開發國家如美英也重視公營企業的經營，以之作為民營企業的尺度，庶有利於社會大眾民生福利的增進。我國以公營企業的經營為促進經濟發展的重心，早已見之於民生主義。政府在台灣地區，對於這一政策的執行也確已盡其應有的功能。今天，民營企業之所以能蓬勃興起，既往有公營企業作前驅領導，乃為成功的要因。目前公民營企業的生產比例，縱然降至三與一之比以下，但因公營企業多為中上游的基本工業，國防民生工業，如能繼續善盡其領導職能，即以各公營企業為中心，各別發展相關企業群組，建立所謂衛星工廠或關係企業，從而作整體之配合，共求發展。凡私人無力或無意興辦之重要企業，悉以公營企業型態作先驅開拓，再如以小額面股份，或公司債形式發行上市，並限制私人最高持有股份，以普遍吸收國民大眾儲金游資，則國營企業與大眾平民結合為一，對於安定民生又有其極大的積極性作用。一旦該公營實業營運者有績效後，即逐次轉讓於民營，以此資金再轉投入另一企業。如此有計劃地逐次發展，對於我國經建的推動和真實的貢獻，必然無法估計。當然，目前公營企業在經營管理方面的缺失必需革除不為功。不論如何，設能以周詳之規劃與決策的真誠動機公諸於民，取信於民，公營企業本身之經營管理方式決之於投資者大眾，一切以公開公正努力為之，必然大有可為，大效可期。

五

總之，年來我國機器設備的進口突然大幅下降，無論係由於民間投資意願低弱所致，抑係尚有無投資能力所形成，猶待探討。但如僅以減免捐稅方式，來激發民間投資意願，以加速資本形成，並不能保證收到立竿見影之效；他方面，民間投資者也不可能完全依賴於政府的優惠獎

勵，可保障大賺其錢，必需力求進步，自助人助。如果政府與民間共同努力，創造一個公平公正的社會風氣，改善投資的大環境，眾志成城地發揮大團隊精神，這才是經建大目標達成的主要保證，所謂投資意願的激發也就微不足道了。

——原載於《中國論壇》第四卷第七期

民國六十六 (1977) 年七月十日

二十九、建言方式的研究改進
——推行獎勵建議制度

一

最近幾年來，每屆暑期，政府有關部門皆分別邀請海外學人回國，舉行「國家建設研究會」之類的研討會議，去年，中國國民黨為召開第十一屆全國代表大會，又特別發起了一項多元性的「建言計劃」。由於海外學人有如國之瑰寶，其踴躍回國與會的愛國情操，本於學術報國所作的建言，影響深遠，貢獻尤大。而「建言計劃」的推展，也大大激發了國人參與國事，為國效力的忠誠意願。今年暑期，學人回國參與各種研討會議，將必有一番盛況。而執政黨如為辦好選舉工作，再行發起全國性建言計劃，咸信也能獲得熱烈響應和良好的效果。

然而，每年在海外學人舉行研究會結束以後，總認之為尚未充分發揮其功能，而有主張成立一永久性委員會組織或專家小組，隨時備為政府顧問諮詢，以使人才「外流」做到人才「內用」。論及「建言計劃」則更希望將之建立為制度，「對於各方的建言，即使來自販夫走卒，應由中樞適當人員分別處理並答覆」。可見在建言興邦的方式上，如予研究改進，將能收到更多更大的成效。

二

很顯然，要改進加強海外學人參與各種研討會議的建言方式，「建言計劃」必須成為制度，並重視任何個人意見，理由是能夠參加座談會議，能夠向公眾表示意見者畢竟是少數；一年一度的百「議」俱興，對於千頭萬緒日常政務的改進和加強，也有緩不濟急，難盡配合之處；所提「意見」則多屬一般性，原則性的檢討改進要點，能否採行，尚需作

一可行性，實作性的研究；而意見提出以後，其接收、研議、處理與採行的作業程序，以至如何作適切之獎勵，如何使之成為眾所共知，便於共行的常軌制度，就成為亟待研究的中心課題。此亦即是如何擴大推行「獎勵建議制度」的課題。也唯有推行了「獎勵建議制度」，才是將結合所有海外學人隨時備為國用這一構想，能予具體實現；且是為鼓勵全民參與國事，隨時提供具體可行的興革建議，以匯合集體智慧，發揮集體創造力量，來創新制度，完成復國建國使命的最佳方式。

三

「獎勵建議制度」在美、英、加拿大以及歐洲其他先進國家，推行有年，且成效日著。政府機關視之為極具成效的管理制度，工商企業界則稱譽之為降低成本之鑰。無論從理論或實務而言，這項管理制度最能發揮參與管理和激勵管理的良好作用。由於「獎勵建議制度」著重就事實「問題」，以書面（設計專用之「建議表」）提供改進或創新的具體可用的辦法，並就所建議辦法作有「價值」分析，所以它不是如開座談會談些檢討批評的話；也不是如腦力激盪法提出一些異想天開的意見；更不是如意見箱設置辦法，只作些虛應故事的花招。而且，獎勵建議制度的推行計劃有負責承辦的單位，有專設的委員會，一旦建議案提出，其調查、審議、而至決定可否採行，以至核獎或函謝，皆依循明定的規章程序，作公正而迅確的處理，因而能激勵大眾，造成人人在研究的風氣，做到事事求發展的地步，而促進行政革新，縮短管理差距。且因有獎勵建議制度的推行，可以建立起雙向溝通，或直接溝通的管道，行政與學術可以因此而配合密切，可以將人力資源發揮到極致。

四

推行獎勵建議制度，可將建議者對象區分為兩大類，一為政府外部

的國內外人士，另為政府內部的各級服行公職的員工。前者，國內外人士「獎勵建議制度」計劃之承辦可劃由各級行政機關研究發展單位。後者，政府機關內部員工建議案之處理，則歸由各單位人事部門承辦。

建議案之處理，雖因對象之不同，分為兩個系統，但其作業方式和處理程序並無實質上之相異。正如美國推行獎勵建議制度，係由國會立法，公佈於全國各政府與軍事單位然，我國亦宜由中央訂定推行該制度的法令規章，公佈週知，普遍推行於全國。學人建議就不必等待至一年一度的集會，政府機關只要持有一份完整的國內外人才調查資料，就可以將「建議案」主動寄送給有關學者專家，又為避免提出無法執行的建議辦法，並將有關「問題」的背景資料一併附送，學人了解問題所在，其建議辦法自能切符實際而可行。同時，國內外人士了解「獎勵建議制度」的實施辦法，也能就實際問題，主動提送「建議案」於有關部門。政府機關收到海內外人士建議案以後，立即回覆收件通知，在進行研議過程中與建議者保持聯繫，必要時請其補充說明建議辦法。研議結果，付諸執行者，依辦法獎勵之，不能執行者，除覆謝函中說明其原因，勉其另作建議而外，並保留其建議案採行權利二至三年，在此期間，一旦再考慮採行，仍依辦法獎勵之。

所謂「獎勵」，一般而言，包括有金錢和榮譽獎勵。事實上，為國建言的人士並不在於獲獎。可是，對於建議案提出後，是否受到重視，是否已作客觀而公正的調查研議，是否能予執行，可能比獲得獎勵感到重要。設計與推行「獎勵建議制度」自不必為「獎勵」的經費而有所躊躇。而且，推行「獎勵建議制度」來擴大結合國內外學人，來鼓勵全民參與「建言計劃」，至少有如下的優點：1. 國內外學者專家以至社會大眾人士可隨時向政府提供極有研究或是一得之見的建議，不必待至集會座談時再行建言。2. 政府需要解決的困難問題可以適時徵求而獲得實際可行的解決辦法。3. 「建議案」循明確而迅速的程序處理，可增進建議者興趣和信賴。4. 政府機關主管對建議案採行與否也可免卻左右為難的處境。但最主要的還是在於透過「獎勵建議制度」可將國內外人士緊密

地結合起來，共為國家貢獻其智能，大團隊精神於焉真正而具體實現。

五

然而，最需推行「獎勵建議制度」的乃是政府機關內部。因為由各種研討會議所提出的原則性的改進意見，對於政策的決定大有可供採擇參考，但如何將這些建議意見一一付諸實施，則完全有賴於現行實際從事公職的中下層人士來進一步設想具體執行的辦法。尤其是「一般行政工作，不僅國外學人感到隔膜，即國內學人，亦因未躬親參與，亦未必能提出具體有益的意見，反而中下層基幹人員，因為接觸的實際事務太多，對其中利弊得失，自較任何人清楚」。再則，情境是不斷變遷的，即使設計相當週密的方案，仍須依情勢而適時適切地加以修正或增益，這就更有賴於實際從事公職的全體人員，除在本職上戮力從公而外，猶能貢獻其智慧才能，就所見所聞，主動建議，積極創造，各項施政方足成其大，方能成其久。

說來，蔣院長在十項革新指示中，早就明白規定：「向上級提供意見是每一工作人員之權利，接納部屬意見是每位主管的義務。」此後又倡導「意見公開」，並且指出：「一個好幹部，除了將上級交付的任務徹底執行而外，而且要能主動的提出許多辦法來改進自己的工作。」對於政府與民眾之間更希望做到「雙向溝通」。可是，總因沒有一套實實在在的具體的施行辦法，這些要求和期望似乎仍屬一種「觀念」。

蔣院長又曾說：「行政革新永無止境。」這確是至理名言。現在行政機關的研究發展工作在合作或委託研究方面確有不少的成果，但在行政上實際問題的解決方面，尚未能做到防微杜漸的地步。很多專題研究皆為早已發生，缺失可見的大問題，研究結果，提供了共通性的改進要點或原則，但能否適合於個別機關的特殊情境，顯然是個問題，再如牽涉及非本單位所能解決的困難，研究發展單位無能協助解決，如此研究發展只能在文書作業上求其表現，「公僕與納稅人」風波也就難免發生

了。所以，在行政機關內部建立一種「人人可參與」的制度，培養「個個有責任」的大團隊精神，亦即推行獎勵建議制度，來鼓勵全員參與，重視任何個人良好建議。如此，可以滿足員工個人自我實現的成就慾，激發起員工「自願效力」的熱忱，共同為機關首長分擔憂勞，解決所面臨的問題；主動為團體進步而設想而適時提供具體可行的改進或創新的辦法，問題自可消弭於無形，團體自因以不斷進步。

六

政府機關推行「獎勵建議制度」，尤可將「四大公開」目的促其實現，使我大有為政府的功能更具體而積極的發揮出來。

首就「人事公開」而言，最為稱道的人事政策，乃是人才主義和功績主義。這一政策的實現，則在於透過公正的考核來擢拔真正的人才。現在行政上的人事考核考績是否公正，論者所舉弊端不一而足。蔣院長也曾慨歎其不實不確。歸因是主管考核考績欠缺一種公開性、客觀性的事實依據。加之，直屬主管對下級所作考核考績，機關首長無法盡知其詳，其他主管更無權過問，考核會議也就聊備一格，縱然主管公正賢明毫無偏私，所謂不公平之鳴也會由此而生。若建立「獎勵建議制度」，舉凡任何員工個人，為團體為工作有了特殊的貢獻，有良好的建議被採行而獲得獎勵的資料皆存於人事單位，作為人事上考核考績、升遷調補的主要依據，則「人事公開」，擢拔真正的人才，豈不有了紮實而可靠的基礎。

「經費公開」與「獎勵建議制度」似乎沒有直接的關係，可是，因員工建議，使機關經費支用能精打細算，節省了公帑，杜絕了浪費，尤其是增加了收益，正是將經費公開的精神和原則積極地實現了。

「意見公開」則與「獎勵建議制度」關係最為密切。因為「意見公開」如果只做到消極的批評，而無積極性的建議，則可能利未見之，弊端先生。現在機關裡推行「意見公開」之初，舉行動員月會，所以只能

講講課，訓訓話，與此不無其因。「獎勵建議制度」則不然，它不著重申訴反映，或是檢討批評他人，而在於積極的提供建設性、創造性的建議，使工作日有改進，使團體不斷進步。如果將「意見公開」採取「獎勵建議制度」的實施辦法，鼓勵員工積極地為工作、為團體隨時提供興革的建議，設想出具體可行的辦法來共求進步，其成效豈止是做到雙向溝通，改進了工作方法，提高了工作效率，而一個機關的團隊精神，正由是而培養，而宏揚光大起來。

在「獎懲公開」方面，由於「獎勵建議制度」重在激勵，訂有明確而公正的獎勵政策，對於任何員工，不問其職務高低，只要對團體、對工作有所貢獻，提出良好的建議而被採納施行，皆適時而主動地公開表揚，加以適當的獎勵。一個人的努力能為上級所見識，意見為主管所重視，其成就為公眾所讚賞，他在機關團體中就會成為一個「快樂的工作員」，必然奮發有為，樂觀奮鬥。而違紀犯法也相對地消弭於無形。所以，獎勵建議制度的推行，對於「獎懲公開」具有更大更積極的意義，大大恢弘了四大公開的精神。

七

要之，推行很成功的「獎勵建議制度」，人人可以主動地貢獻他們所學所能，人人皆有表現才能的機會，而激發了他們潛在的能力與生命的活力。員工為組織目標努力實現的同時，也自我實現了他的願望，這正符合《企業人性面》作者麥克里格所說理論 Y 的「目標融合原則」，也實踐了管理大師德魯克一再強調重視的，要把員工當作「工作夥伴」看待，來建立管理團隊，作有效的管理。再如，以之擴大結合海內外人士，共為國家貢獻才智，使這兩者密切配合，則大至政策的決定，小至日常為民服務工作的改進，就皆有所恃，亦無不成功。而上下同心，內外一體的行動表現，造成了「建言興邦」人人有責的環境和風氣，其對開放的、大有為的政府運用集體智慧和集體創造的力量，使由行政革新

而全面革新，以實現復國建國的大目標，其成效之大之著，影響之深之遠，必將未可限量也。

——原載於《中央日報》

民國六十六 (1977) 年七月十二日

三十、推行獎勵建議制度的要領

　　獎勵建議制度乃是基於行為科學的激勵理論和參與管理方法而推行的一種管理制度。其消極目的是為鼓勵員工們協助各級主管，就現行工作程序或生產方法主動地提供改進或創新的辦法，以提高工作效率，降低生產成本。其積極目的則在於發揮員工們潛在能力，運用集體智慧和集體創造的力量，亦即是增進人群關係，宏揚團隊精神，為組織目標的達成，而群策群力，保證貫徹。

　　獎勵建議制度，我國工商企業多稱之為「提案制度」，已根深蒂固地在很多工業先進國家的工商企業和政府機關建立起來，而且成效日見顯著。

　　以美國為例，據「全美建議制度協會」早在 1971 年五月的統計，全美國公司企業，其員工人數在一千人以上者，就有百分之六十以上，全美最大的五百家公司企業就有三百七十五家都推行了該制度，而且很多大公司企業，還將這項制度，推展到海外的子公司。

　　又據該協會 1974 年的年報統計，美國工商企業界普遍推行的結果，其投入—產出的平均比率，最低為一與六點五以上（據國際管理月刊最近報導，在日本與英國的公司推行這項制度，其收益有高至一與三十至五十之比，即每投入一元，可以收回三十至五十元的利益）。美國聯邦政府於 1954 年由國會立法，普遍推行於全國各行政機關與軍事單位，迄至 1975 年所節省的公帑或所得利益已超過四十二億美金。此外尚有很多難於估計的無形利益。所以，美國工商企業界無不稱譽之為降低生產成本之鑰，政府機關則認之為最具成效的管理制度。

　　我國工商企業界若干有抱負、有作為的企業主持人已在他們的公司組織裡推行了這項制度。然就我國整體發展方面來看，尚未形成風氣，普遍而認真地推行。不過筆者深信，我們工商企業主持人一旦認識這項制度，必然樂於推行。普遍推行結果，其成效也必能與美國工商企業界

相比美。減少浪費，降低生產成本，才是紓解艱困，自求多福的最有效的途徑。

　　推行的程序

　　如何規劃推行獎勵建議制度，由於制度設計和推行方式常因實施單位的大小、工作性質的不同而各異。因此，如何建立自己的制度，並無統一規定的標準。不過，在建議案的處理方面，依據美國政府與工商企業各界推行三十餘年的經驗，在全美建議制度協會不斷研究改進之下，已得知若干必須循守的程序或要項。此可歸納為如下各點：

　　一、建議案之提出應書寫於規定的表格上，主要內容有三項：1.現行辦法。2.改進辦法。3.採行後之效果。

　　二、何人具有建議資格，何事可予建議，宜作明確之規定。

　　三、員工提出之建議案，須建立有直接溝通處理的管道。

　　四、每一建議案均編予永久性查考之案號，並將該案號註明於收文回執上，通知建議者。

　　五、建議案之可行性如何，須迅速交由專任或兼任之調查人員作一詳實調查，提出有無採行價值之報告，敘明可否之理由，以示負責。

　　六、建議案調查後，提送「審議委員會」予以覆核，作成可否採行之結論，提報主管核示。

　　七、對不採行之建議案，宜以謝函方式將原因復知原建議者，並鼓勵其再行另提建議。

　　八、可採行之建議案交付執行時須詳實登記起訖日期及其成效。

　　九、核獎辦法必須明確規定。對可計算利益者，通常以建議案實施後第一年所節省費用或所得利潤總額為基準，核予百分之六至二十之獎金。對不可計算之無形價值，另訂評核標準表。有貢獻之員工，並配合人事上用人唯才政策，優先擢用。

　　十、為保障建議者權益，須建立資料查詢檔案等等。所謂保障建議

者權益，即二或三年內對原決定不予採行之建議案而又採行實施者，原建議者有申請接受頒獎之權利。

　　成功的要因

　　推行獎勵建議制度的辦法雖因單位不同而各別有異，但沒有比較性的好、壞、對、錯之分，要在能適合自己單位的情境。如就若干公司推行獎勵建議制度著有成效的經驗，來探討其推行成功的要因，可約為下列五項：

　　一、主管的支持。推行獎勵建議制度最首要的成功保證，在於高階層主管人員的支持。有銳意創新，積極進取的主管來領導，才能產生更多更大的成果。公司主持人對於獎勵建議制度的推行熱心而積極地予以支持，縱然委由一位能力平庸的行政人員來承辦這項計劃，也能獲得良好的成效。相反地，即使精明頂尖的某位主管來推動，如果不能獲得高階層主管合理的支持，也一樣難有作為。

　　二、基層主管人員的了解。通常，基層主管們總認為其單位內各項興革事項，上級主管是期望他們親自設想考慮。有時，他們也懷疑員工們建議的價值，或則憎厭要求其對建議案可行性進行調查，提出報告，或則頒授獎金之類的「額外」工作。因此，務須讓基層主管們體認到，推行獎勵建議制度，可以贏得員工們的忠誠與敬意，能增進工作效率，降低生產成本，以及可使他們工作輕鬆愉快，方能得到基層主管們足可信賴的支持。

　　三、做好準備工作。推行獎勵建議制度的計劃常因良好的醞釀和準備工作而奠建成功的基礎。但所謂醞釀，絕不是空喊口號地大事宣傳。要在決定推行該制度後，於正式開始實施前，為各級管理人員與員工們預置若干足以接受和適應的時日，並早期宣佈計劃內容，使全體員工對之有充分的了解。有關實施獎勵建議制度的規章及作業程序的小冊子，至少要在正式推行前一兩週編印分發。他如宣傳海報、公告欄、通訊刊

物等等各種輔助措施，亦應準備週全。再如為全體基層主管以及其他重要人員舉辦訓練講習，使他們在計劃實施過程中能妥善的處理與解答員工的問題，則更有助益。

四、迅速而公正地處理建議案。當員工提出一項建議後，此項建議對他本人就形成關切的問題，他必然迫切地希望知道將發生何種作用，但並不永遠地期望著。假如建議案提出後，並未立刻接到收件回單，或則建議案提出數週後，仍未收到任何有關審議他提案的通知，他將深深感到主管們抹煞了他的建議，而斲喪其建議的熱誠。他方面，任何公司如果一味抱殘守缺，因循苟且地不求進步，不設法衝破陳軌，將會浪費所賺得的利潤，甚至為時代所淘汰。因此，迅速而慎重地處理各種建議案件，對於員工固屬重要，對公司經營發展也同樣重要。

五、成立建議案審議委員會。賦予某一個人對建議案具有採納或否決的權力，不僅對某些建議案可能會判斷錯誤，也可能常被責難為一偏私不公之人，這乃是成立委員會的主因之一。委員會的功能在於：1. 作業規程的制定與修正。2. 獎金額數的決定。3. 計劃的解釋與推動。4. 統計資料的審核與報告的撰擬。5. 接受與處理員工們申訴的案件。但如何使員工們了解建議制度審議委員會的決定，深信其對建議案能作公正的調查與決定，又為確保這項制度推行著有成效的重要課題。

——原載於《經濟日報》
民國六十六 (1977) 年十月十日

附錄：作者著作

- 朱承武，《管理之鑰》，企業經理協進會，台北，民國六十二 (1973) 年。
- 朱承武，《獎勵建議制度》，台北，正中書局，民國六十五 (1976) 年三月。
- 朱承武，《現代管理科學》（大學用書），台北，台灣學生書局，民國六十六 (1977) 年六月。

www.ingramcontent.com/pod-product-compliance
Lightning Source LLC
Chambersburg PA
CBHW061023220326
41597CB00019BB/3247